Autorenbücher 26

Herausgegeben von

Heinz Ludwig Arnold und Ernst-Peter Wieckenberg

Die bisher erschienenen Bände:

1 Heinz F. Schafroth: Günter Eich
2 Hans Wagener: Siegfried Lenz
3 Jan Knopf: Friedrich Dürrenmatt
4 Alexander Stephan: Christa Wolf
5 Rainer Taëni: Rolf Hochhuth
6 Peter Schünemann: Gottfried Benn
7 Bernhard Sorg: Thomas Bernhard
8 Rainer Nägele/Renate Voris: Peter Handke
9 Klaus Sauer: Anna Seghers
10 Rolf-Peter Carl: Franz Xaver Kroetz
11 Heinz Puknus: Wolfgang Hildesheimer
12 Jochen Vogt: Heinrich Böll
13 Franz Schonauer: Max von der Grün
14 U. Hahn/M. Töteberg: Günther Wallraff
15 Wolfgang Proß: Arno Schmidt
16 Ehrhard Bahr: Nelly Sachs
17 Hanspeter Brode: Günter Grass
18 Anthony Waine: Martin Walser
19 Rainer Lewandowski: Alexander Kluge
20 Manfred Lauffs: Walter Jens
21 Heinrich Vormweg: Peter Weiss
22 Wolfgang von Wangenheim: Hubert Fichte
23 Erhard Schütz: Alfred Andersch
24 Roland Links: Alfred Döblin
25 Georg Wieghaus: Heiner Müller
26 Helmuth Kiesel: Erich Kästner
27 Joseph Kraus: Hans Erich Nossack

Die Reihe wird fortgesetzt

Über den Verfasser

Helmuth Kiesel, geb. 1947, Studium der Germanistik und Geschichte in Tübingen, 1977 Promotion, Wissenschaftlicher Assistent zunächst am Historischen, dann am Deutschen Seminar der Universität Tübingen, 1980 vorübergehend Dozent am German Department der Washington University in St. Louis, Mo. (USA); mehrere Bücher und Aufsätze zur Literatur des 16. bis 18. Jahrhunderts.

Helmuth Kiesel

Erich Kästner

Verlag C. H. Beck
Verlag edition text + kritik

Die ‚Autorenbücher' sind eine Gemeinschaftsproduktion
der Verlage C. H. Beck und edition text + kritik

CIP-Kurztitelaufnahme der Deutschen Bibliothek

Kiesel, Helmuth:
Erich Kästner / Helmuth Kiesel. – München: Beck;
[München]: Verlag Edition Text u. Kritik, 1981.
(Autorenbücher; 26)
ISBN 3 406 08418 4
NE: GT

ISBN 3 406 08418 4

Umschlagentwurf von Dieter Vollendorf, München
Foto: Süddeutscher Verlag, München

Gesamtherstellung: C. H. Beck'sche Buchdruckerei, Nördlingen
Printed in Germany

Inhalt

I. Umrisse

Erich Kästners Werk steht vor uns als couragiertes Plädoyer für Vernunft und Humanität. Daß seine Zeit diesen Idealen mißgünstig war, brachte Kästner in manche Phase der Resignation und Melancholie, war ihm zugleich aber auch Herausforderung. Die meisten seiner Gedichte und Essays, die wichtigsten seiner Romane und Bühnenstücke sind geschrieben als Beiträge zur Sisyphusarbeit der Aufklärung.

Als Aufklärer verstand sich Kästner selbst. Wollte er auf geschichtliche Vorbilder für seine Art des Denkens und Schreibens verweisen, so nannte er Swift und Voltaire, Büchner und Heine,[1] vorzugsweise aber Lessing: „Lessing, der Sachse mit dem feurigen Verstande, der Mann mit dem Herzen im Kopf – immer wieder werde ich an ihm zum Schwärmer (...).“[2] Mit Lessing hatte sich Kästner während seines Studiums lange befaßt, und die Gestalt des ‚unpoetischen‘, aber ‚kämpferischen‘ Schriftstellers Lessing, die Kästner in einem Gedicht[3] und an einer aufschlußreichen Stelle des Romans ‚Fabian‘[4] beschwört, wurde ihm zur Norm für sein eigenes literarisches Engagement. Die erste Strophe des Gedichts ‚Lessing‘ lautet:

„Das, was er schrieb, war manchmal Dichtung,
doch um zu dichten schrieb er nie.
Es gab kein Ziel. Er fand die Richtung.
Er war ein Mann und kein Genie.“[5]

Die ersten beiden Zeilen dieser Strophe sind programmatisch für Kästner selbst. Dichtung um ihrer selbst willen, autonome Kunst, l'art pour l'art verneinte er,[6] und diejenigen seiner Kollegen aus der lyrischen Zunft, die ihre Gedichte dem ‚Unbewußten‘ oder der ‚Intuition‘ zuschrieben, unterzog er einer trefflichen Satire.[7] Kästner gab sich weder mit der Beurteilung eines literarischen Werks nach rein ästhetischen Kriterien zufrieden,[8] noch begnügte er sich mit der Feststellung oder Bewunderung des poetischen ‚Genies' eines Autors. So wichtig wie das dichterische Vermögen war ihm der Charakter. Freilich: „Die Lessings gibt es nicht im Dutzend. Da müssen sich erst Ehrlichkeit, Verstand, Mut, Talent und kaltes Feuer in ein und demselben Menschen mischen (...)."[9] Erst der richtige „Zusammenhang von Talent und Charakter"[10] machte in Kästners Augen den guten Dichter oder Schriftsteller und Aufklärer aus.

Als Aufklärer begriff sich Kästner in zweifacher Hinsicht. Zum einen: In einer kleinen und keineswegs nur scherzhaft-ironischen Rede über sich selbst sagte Kästner: „Er ist ein Moralist. Er ist ein Rationalist. Er ist ein Urenkel der deutschen Aufklärung, spinnefeind der unechten ‚Tiefe', die im Lande der Dichter und Denker nie aus der Mode kommt, untertan und zugetan den drei unveräußerlichen Forderungen: nach der Aufrichtigkeit des Empfindens, nach der Klarheit des Denkens und nach der Einfachheit in Wort und Satz."[11] Dies ist nicht weniger als ein Bekenntnis zu den wichtigsten Grundsätzen der Aufklärungsliteratur um 1770 und zugleich eine entschiedene Absage an alle (folgenden) literarischen Richtungen, die weniger durch Vernunft und Einfachheit geprägt waren. Insofern die praktische Verwirklichung dieses Bekenntnisses ein Problem des Stils war, hat Kästner dies überzeugend gelöst. Die Forderung nach „Einfachheit in Wort und Satz" ist in Kästners Schriften erfüllt. Kästners Diktion ist durchweg klar und eingängig, im problemorientierten Essay und im räsonierenden Gedicht nicht weniger als im Kinderbuch oder im Unterhaltungsroman. Diese Sprache, die aller elitären Töne und esoterischen Begriffe entbehrt und kaum einmal ein Verständnisproblem aufkommen läßt, ist für Kästners Gesamtwerk nicht weniger fundamental als sein undoktrinärer Common sense und seine unverbrüchliche Humanität. Alle drei Momente leiten sich bei Kästner nicht nur aus praktischen Erfahrungen und Erwägungen ab, sondern auch aus dem intensiven Studium der deutschen und europäischen Aufklärungsliteratur.

Allerdings: Restlos geht Kästners Denken nicht in den Vorstellungen der Aufklärung auf. So sehr Kästner den Idealen dieser Epoche verbunden war, den – in der geglaubten göttlichen Weltordnung verankerten – Fortschrittsoptimismus der Aufklärung teilte er nicht. Wie Fabian[12] betrachtete Kästner selbst 1940 die Geschichte als „Reise im Kreise (...) ohne Sinn"[13] und zieh die eigene, jahrelang geübte Moraldidaxe des Illusionismus. Das Vertrauen in die Perfektibilität des Menschengeschlechts, in jene – nach aufklärerischer Ansicht – dem Menschen eingeborene ‚Vollkommenheitsdynamik', war seit Lessings Zeiten gründlich zerstört worden; für den Glauben an die Wunderwelt des technischen Fortschritts war Kästner ein viel zu skeptischer Zeitgenosse, sah deutlich genug auch die zerstörerischen Kräfte der Technik[14] und war zu stark auf die durch zivilisatorische Fortschritte nicht ersetzbaren menschlichen ‚Grundwerte' wie Liebe, Freundschaft, Solidarität, Mitleid und Frieden fixiert. Das Wort ‚Fortschritt' gebrauchte Kästner meist ironisch oder sarkastisch.[15] 1952 schrieb er: „Entschließen wir uns, (...) die Vokabel ‚Fortschritt' aus dem Wörterbuch der Gegenwart zu streichen! Und trotzdem den Kopf oben zu behalten! Das gehört zu den Umgangsformen der um Klärung und Aufklärung bemühten Menschen."[16]

Diese Wendung ist bezeichnend für Kästner. Die philosophische Aporie, in die er durch sein Festhalten am Vernunftglauben der Aufklärung bei gleichzeitiger Aufgabe ihres metaphysisch abgesicherten Fortschrittsoptimismus geraten war, versuchte Kästner gewissermaßen durch einen moralisch geprägten Willensakt zu negieren, durch eine paradox zu nennende und fast masochistisch anmutende ‚Trotzreaktion' gegen die desillusionierenden Erfahrungen der Geschichte. Im übrigen schien ihm die Auflösung dieser Paradoxie geschichtlich vielleicht möglich, durch Erziehung des Menschen erreichbar zu sein. In diesem Sinn heißt es im Vorwort zum ‚Fliegenden Klassenzimmer': „Erst wenn die Mutigen klug und die Klugen mutig geworden sind, wird das zu spüren sein, was irrtümlicherweise schon oft festgestellt wurde: ein Fortschritt der Menschheit."[17]

Zum andern: Aufklärung begriff Kästner als eine jederzeit aktuelle und notwendige Aufgabe. Die Berufung auf die Aufklärer des 18. Jahrhunderts ist insofern nur eine Verkürzung von Kästners geschichtlicher Sehweise, und konsequenterweise bezeichnet er einmal auch Sokrates als seinen „Lehrer".[18] Auf ihn führte Kästner die Forderung nach Selbsterkenntnis, die Methode des provozierenden und entlarvenden Fragens und den pädagogischen Auftrag des wahren Aufklärers zurück. Die Aufklärer des 18. Jahrhunderts waren ihm vor allem dadurch vorbildlich, daß sie im Medium der Literatur auf breiter Ebene zu wirken und notwendiges Wissen zu popularisieren versuchten. Ein Werk wie die ‚Encyclopédie' Diderots wäre – nach Kästners Ansicht – von größter Dringlichkeit zumal in einer Zeit, in der dem „Kulturspezialistentum" einiger weniger das „Kulturanalphabetentum" viel zu vieler gegenübersteht.[19]

Literarisches Spezialistentum lehnte Kästner ab, geschmäcklerische oder elitäre Einseitigkeiten verhöhnte er.[20] Kästner schrieb nicht für ausgewählte Zirkel oder für eine auf ihn eingeschworene Lesergemeinde, wollte vielmehr ein möglichst breites Publikum erreichen. Je mehr Leser, desto besser, meinte er gegenüber Hermann Kesten.[21] Der Erfolg blieb ihm nicht versagt, seine Bücher erreichten hohe Auflagenzahlen. Ob damit auch seinen aufklärerischen Überzeugungen Breitenwirkung beschieden war, bleibt allerdings fraglich. Möglicherweise wurde die aufklärerische Zielsetzung seines Werks durch die unterhaltende, humoristische Komponente verdeckt; mit Sicherheit jedoch war das breite Publikum der Jahre vor 1933 nicht geneigt, einem ‚Aufklärer' Gehör zu schenken und sich auf Vernunft festlegen zu lassen. Der Anspruch auf ‚Aufklärertum' implizierte zu dieser Zeit, gegen den Strom des Irrationalismus und Fanatismus schwimmen zu müssen, einen Strom, der die Werte und die Errungenschaften der bürgerlichen Aufklärung hinwegschwemmte. Der oben schon konstatierte und noch genauer zu durchleuchtende ‚Bruch' in Kästners aufklärerischem Impetus resultiert nicht zuletzt auch aus den Erfahrungen einer Zeit, die sich anschickte, die tatsächlichen Errungenschaften der Aufklärung sowohl als auch die noch nicht eingelösten Versprechen zu liquidieren: „Bürgerliche Aufklärung in einer zerfallenen Bürgerwelt“, so nannte Hans Mayer diese unglückliche Konstellation.[22] Kästners Leben und Werk dürften als Exempel dafür betrachtet werden.

Nicht weniger als zum Rationalismus der Aufklärung bekannte sich Kästner zu ihrem Moralismus. Den oben zitierten Begriff des Moralisten nahm er häufig für sich in Anspruch, so etwa im Aufsatz ‚Fabian und die Sittenrichter‘[23] und im Vorwort[24] zur Neuauflage des Romans ‚Fabian‘, der durch seinen Untertitel ‚Die Geschichte eines Moralisten‘ ausdrücklich in die Tradition und in den Kontext der moralistischen Literatur gestellt ist.

Aber was ist ein Moralist? Und was ist moralistische Literatur?

Eine Antwort kann nur annäherungsweise versucht werden, wobei besonders auf Kästners Vorwort zu Hermann Kestens Roman ‚Glückliche Menschen‘[25] und auf die Ausführungen von Karl August Horst über ‚Erich Kästner: Naivität und Vernunft‘[26] verwiesen sei. Diesen zufolge beruft sich der Moralist nicht auf den Kodex einer bestimmten Moral oder auf abstrakte Prinzipien. Vielmehr hält er sich an die Erfahrungen der Vernunft und strebt nach einer illusionslosen Kenntnis des Menschen und der Gesellschaft. Auf der Basis einer selbstverantwortlichen Moralität versucht er, in seinem Handeln eine Einheit von Vernunft und Anständigkeit zu wahren. Hauptziel der moralistischen Literatur ist es, den Menschen mit seinen Leidenschaften und die Gesellschaft mit ihren Mängeln kritisch zu mustern und auf eine nicht beschönigende Weise zu beschreiben. Aus der kritischen, entlarvenden Bestandsaufnahme folgt jedoch keine Verdammung des Menschen, sondern das Räsonnement über die unveränderliche Gegebenheiten der menschlichen Existenz einerseits und – fern aller Resignation – über die möglichen Ansätze zur Besserung der menschlichen Anlagen und gesellschaftlichen Verhältnisse andererseits. Moralistische Literatur versucht, vergangene oder gegenwärtige Mißstände so nachdrücklich vor Augen zu führen, daß sie als solche auch erkannt und als unerträglich, als verbesserungsbedürftig empfunden werden. Die Zielsetzung moralistischer Literatur kommt exemplarisch in Kästners Roman ,Pünktchen und Anton' zum Ausdruck, wo jedem erzählerischen Kapitel eine deutlich abgesetzte ,,Nachdenkerei" folgt: Reflexionen auf menschliche Tugenden und Schwächen (z. B. ,,Von der Selbstbeherrschung", ,,Vom Stolz") und auf soziale Verhältnisse (,,Von der Armut"), die im Kinderroman freilich stark didaktisch gehalten sind.

Wurde Kästner wegen der notwendigerweise ,unmoralischen' Inhalte und Ansichten seiner moralistischen Literatur des Libertinismus verdächtigt, als ,Kulturbolschewist' und ,Zersetzungsliterat' bezichtigt,[27] so trat er selbst beharrlich mit dem Anspruch auf, ,,Pädagogik" zu betreiben und ,,Lehrer", ,,Pauker", ,,Fortbildungsschulmeister" zu sein.[28] Diese freilich noch genauer zu bestimmende pädagogische Intention gehört so unabdingbar zu Kästners Selbstverständnis wie seine aufklärerische Absicht und seine moralistische Einstellung. Sie prägte – mit wechselnder Intensität – Kästners gesamtes Werk, zum Teil so nachdrücklich, daß ihm seine ,,etwas pastorale Haltung" von manchem Leser verübelt wurde.[29] Kästner sah dies wohl, fühlte sich jedoch nicht veranlaßt, von seiner pädagogischen Zielsetzung abzurücken: Zu sehr war er von der Notwendigkeit der Erziehung (nicht nur der Kinder und der Jugendlichen) überzeugt, auch wenn er im Glauben an die Erziehbarkeit des Menschen durch seine Erfahrungen im gesellschaftlichen Leben und vor allem durch das Miterleben der nationalsozialistischen Barbarei verunsichert worden war. Die Reaktion darauf ist typisch für Kästner: Trotz der theoretischen Resignation gegenüber dem Problem der ,Erziehbarkeit des Menschengeschlechts' verstärkte er nach 1945 seine aufklärerische und pädagogische Praxis.

Der ,Aufklärer' Kästner, der ,Moralist', der ,Pädagoge': Dieser – noch lange nicht erschöpften – Ausdifferenzierung seines Wesens und seines literarischen Schaffens hat Kästner in hellsichtigen Selbstanalysen[30] Vorschub geleistet. Anerkennt man diese Aufgliederung, die im Vorwalten jeweils der einen oder anderen Komponente in den verschiedenen Werken ihr Korrelat hat, so ist doch auch zu bemerken, daß der ‚Aufklärer', ‚Moralist' und ‚Pädagoge' Kästner als Einheit erscheinen kann: am überzeugendsten in der Satire. „Ich bin, dem Vernehmen und der eigenen Meinung nach, ein satirischer Schriftsteller", bekannte Kästner 1957 in seiner ‚Rede zur Verleihung des Georg Büchner-Preises'. Und um dem Verdacht vorzubeugen, er werde sich nun – als offiziell geehrter Literaturpreisträger – wie „ein zahmer Zirkuslöwe" satirischer Angriffe enthalten, erklärte er: „Noch ist nicht aller Satire Abend!"[31]

Über Kästners Selbstverständnis als Satiriker[32] gibt am besten ein kurzer Aufsatz Auskunft, den Kästner 1947 in der ‚Neuen Zeitung' unter dem Titel ‚Eine kleine Sonntagspredigt: Vom Sinn und Wesen der Satire' veröffentlichte.[33] Er beginnt: „Über dem geläufigen Satze, daß es schwer sei, *keine* Satire zu schreiben, sollte nicht vergessen werden, daß das Gegenteil, nämlich das Schreiben von Satiren, auch nicht ganz einfach ist. Das Schwierigste an der Sache wird immer die Vorausberechnung der Wirkung bleiben. Zwischen dem Satiriker und dem Publikum herrscht seit alters Hochspannung." Das gespannte Verhältnis zwischen dem satirischen Schriftsteller und dem Publikum beruht nach Kästners Ansicht auf dem „ebenso einseitigen, wie resoluten Mißverständnis" der Leser, die glauben, die Satiriker „würfen ihrer Zeit die Schaufenster" nur deswegen ein, weil „eine böse, krankhafte Lust" sie dazu treibe. Also gelten sie als „zersetzend", und ihrer ‚destruktiven' Tätigkeit wird die Forderung nach dem ‚Positiven' und ‚Konstruktiven' entgegengestellt.

Dieses Mißverständnis resultiert, wie Kästner fortfährt, aus dem sprichwörtlichen Wunsch der Welt, betrogen zu werden, und aus dem Bedürfnis der Menschen nach angenehmer Täuschung: „Der Mensch braucht den süßen Betrug fürs Herz. Er *braucht* die Phrasen, weich wie Daunenkissen, sonst kann sein Gewissen nicht ruhig schlafen." Das eingeforderte ‚Konstruktive' der Literatur wird von Kästner als Beitrag zur Einschläferung des (sozialen) Gewissens betrachtet, die vom Schriftsteller erwartete ‚konstruktive' Haltung als unredlich abgetan. Gegen die Zumutung, die Welt in positivem Licht erscheinen zu lassen, wehrt sich Kästner mit vier Strophen eines Gedichts, das schon 1930 in seiner dritten Gedichtsammlung ‚Ein Mann gibt Auskunft' unter dem Titel ‚Und wo bleibt das Positive, Herr Kästner?' erschienen war:

„Und immer wieder schickt ihr mir Briefe,
in denen ihr, dick unterstrichen, schreibt:
‚Herr Kästner, wo bleibt das Positive?'
Ja, weiß der Teufel, wo das bleibt.

Noch immer räumt ihr dem Guten und Schönen
den leeren Platz überm Sofa ein.
Ihr wollt euch noch immer nicht dran gewöhnen,
gescheit und trotzdem tapfer zu sein.

Die Spezies Mensch ging aus dem Leime
und mit ihr Haus und Staat und Welt.
Ihr wünscht, daß ich's hübsch zusammen*reime,*
und denkt, daß es dann zusammen*hält*?

Ich will nicht schwindeln. Ich werde nicht schwindeln.
Die Zeit ist schwarz. Ich mach euch nichts weis.
Es gibt genug Lieferanten von Windeln,
und manche liefern zum Selbstkostenpreis ..."

Hier wird die auf das ‚Positive' ausgerichtete Erwartungshaltung des Publikums der Kritik unterzogen. Was sich das Publikum von Literatur zu versprechen scheint, kann und darf diese nach Kästners Meinung nicht einlösen. Die künstlerische Darstellung einer heilen Welt würde die realen gesellschaftlichen Widersprüche und Konflikte nicht wirklich überbrücken oder beseitigen helfen, liefe vielmehr auf ‚Verbrämung' und ‚Affirmation' hinaus. Literatur würde als Beruhigungsmittel oder als

Droge wirken. Sie würde die angenehme Vorstellung einer Welt hervorrufen, die in ihrer – erwünschten oder erhofften – Harmonie nicht gestört ist, und sie würde dem Leser das „Gute und Schöne", das ihm die Wirklichkeit schmerzhaft vorenthält, anstrengungslos gewähren – freilich nur als realitätsfernen Traum auf dem Sofa. Kästner wendet sich damit nicht gegen die Werte des „Guten" und des „Schönen", nach deren Konkretisierung sich der Mensch sehnt; er wendet sich aber entschieden gegen eine Literatur, die den Leser in einem wirklichkeitsfremden Glauben an diese Werte beläßt oder gar bestärkt, anstatt ihn darauf aufmerksam zu machen, wieviel Anstrengung die Realisierung dieser Werte in kleineren wie in größeren Bereichen zu jeder Zeit braucht. Damit sind Kriterien entwickelt, an denen auch Kästners eigene Unterhaltungsromane zu messen sind.

Gegen die Forderung nach verbrämender und affirmativer Literatur stellt Kästner in der letzten Strophe das Bekenntnis zur Wahrheit, zur unbeschönigenden Darstellung einer ‚schwarzen' Zeit. Was er mit einer solchermaßen realistisch zu nennenden Literatur erreichen will, ist eine Haltung, die er in der zweiten Strophe schon mit einer paradox klingenden Formulierung als „gescheit und trotzdem tapfer" beschreibt: eine realitätsorientierte Einschätzung der prekären Zeitverhältnisse, die freilich nicht zur Resignation führt, sondern zur aktiven Auseinandersetzung mit menschlichen Fehlern und gesellschaftlichen Mängeln. (Im historischen Kontext des Jahres 1930, in dem das Gedicht entstand, zeichnet sich hierin jenes Außenseiterbewußtsein ab, von dem Peter Gay in seinem Buch ‚Die Republik der Außenseiter' spricht;[34] auch dafür könnte Kästner als Exempel genommen werden.)

Über den Satiriker fährt Kästner in seiner ‚Kleinen Sonntagspredigt' von 1947 fort: „Dem Satiriker ist es verhaßt, erwachsenen Menschen Zucker in die Augen und auf die Windeln zu streuen. Dann schon lieber Pfeffer! Es ist ihm ein Herzensbedürfnis, an den Fehlern, Schwächen und Lastern der Menschen und ihrer eingetragenen Vereine – also an der Gesellschaft, dem

Staat, den Parteien, der Kirche, den Armeen, den Berufsverbänden, den Fußballklubs und so weiter – Kritik zu üben. Ihn plagt die Leidenschaft, wenn irgend möglich das Falsche beim richtigen Namen zu nennen. Seine Methode lautet: Übertriebene Darstellung negativer Tatsachen mit mehr oder weniger künstlerischen Mitteln zu einem mehr oder weniger außerkünstlerischen Zweck."

Die Definition des satirischen Verfahrens mag durch das Wortspiel etwas unklar sein. Indessen steht fest: Für Kästner ist an der Satire die formale Vollendung weniger wichtig als die sachliche Stichhaltigkeit. Satire ist, wie Kästner in seiner Büchnerpreisrede knapp und deutlich sagt, „engagierte" Literatur:[35] Sie wendet sich den Problemen des gesellschaftlichen Zusammenlebens unmittelbar zu, verdeutlicht sie, um den Leser zu veranlassen, nach Möglichkeiten der Lösung oder der Abhilfe zu suchen. In der ‚Kleinen Sonntagspredigt' heißt es weiter: „Der satirische Schriftsteller ist, wie gesagt, nur in den Mitteln eine Art Künstler. Hinsichtlich des *Zwecks,* den er verfolgt, ist er etwas ganz anderes. Er stellt die Dummheit, die Bosheit, die Trägheit und verwandte Eigenschaften an den Pranger. Er hält den Menschen einen Spiegel, meist einen Zerrspiegel, vor, um sie durch Anschauung zur Einsicht zu bringen. Er begreift schwer, daß man sich über ihn ärgert. Er will ja doch, daß man sich über *sich* ärgert! Er will, daß man sich schämt. Daß man gescheiter wird. Vernünftiger. Denn er glaubt, zumindest in seinen glücklicheren Stunden, Sokrates und alle folgenden Moralisten und Aufklärer könnten recht behalten: daß nämlich der Mensch durch Einsicht zu bessern sei."

Konsequenterweise ordnet Kästner dann die Satire der „Pädagogik" zu und fügt bekenntnishaft an: „Die satirischen Schriftsteller sind Lehrer. Pauker. Fortbildungsschulmeister." Aber in diesem pädagogischen Anspruch liegt das Dilemma des Satirikers, das Kästner am Beginn der ‚Kleinen Sonntagspredigt' in der geschickten Abwandlung von Juvenals „Difficile est satiram non scribere" schon andeutete: Die „Erwachsenen", die Kästner „zur Kategorie der Schwererziehbaren" zählt, sehen im aufklärerischen Engagement des Satirikers nicht den Versuch, Lügen zu entlarven und lästige Konventionen zu beseitigen, sondern einen Angriff auf ,,das Hohe, Edle, Nationale, Soziale und die übrigen heiligen Güter". Satire widerspricht eben dem Verlangen nach dem ,,schönen Schein", das Kästner auf die Formel bringt: ,,Unbequem sei bereits das Leben, die Kunst sei gefälligst bequem!" Mit ihrem Anklang an Schillers ,,Ernst ist das Leben, heiter ist die Kunst" verweist diese Formulierung auf die geschichtliche Herkunft der Erwartungshaltung des Publikums gegenüber der Literatur: auf die Kunstdoktrin der Weimarer Klassik,[36] derzufolge die Kunst das Erhabene zu zeigen und – sogar in der Satire[37] – die höchste Ideale vorzustellen hatte: als Trost und Hoffnung spendende Fluchtpunkte der menschheitlichen Entwicklung jenseits der geschichtlich noch andauerenden Phase der moralischen Depravation.

Vor diesem Hintergrund sah Kästner das geschilderte Dilemma des Satirikers als ein spezifisch deutsches Problem: ,,Es ist ein ziemlich offenes Geheimnis, daß die Satiriker gerade in Deutschland besonders schwer dran sind. Die hiesige Empfindlichkeit grenzt ans Pathologische. Der Weg des satirischen Schriftstellers ist mit Hühneraugen gepflastert. Im Handumdrehen schreien ganze Berufsverbände, Generationen, Geschlechter, Gehaltsklassen, Ministerien, Landsmannschaften, Gesellschaftsschichten, Parteien und Haarfarben auf. Das Wort ‚Ehre' wird zu oft gebraucht, der Verstand zu wenig und die Selbstironie – nie." Aber auch gegenüber einer noch so großen Borniertheit wollte Kästner nicht schweigen, sondern – nicht weniger ‚deutsch' als die Angegriffenen – seine ,,Pflicht" als Satiriker erfüllen. Er klammert sich an die Hoffnung des ,,Schulmeisters" und ,,Idealisten", daß durch dauernde pädagogische Anstrengung letzlich doch eine Besserung des Menschen erreicht werden könne. Aber ungebrochen findet sich bei Kästner ein solcher Gedanke kaum einmal. Die ‚Kleine Sonntagspredigt' schließt denn auch (nach guter pastoraler Tradition) mit einem tröstenden und freilich nicht weniger sarkastischen Zuspruch an alle die ,,beklagenswerten Idealisten" die sich der Erziehung des Menschengeschlechts verschrieben haben:

,,Vergeßt in keinem Falle,
auch dann nicht, wenn vieles mißlingt:
Die Gescheiten werden nicht alle!
(So unwahrscheinlich das klingt.)

Damit ist nun auch – durch ihn selbst – ein weiteres Prädikat für Kästner eingeführt: das des Idealisten. Dieser Begriff steht in der ‚Kleinen Sonntagspredigt' und noch an ähnlich programmatischer Stelle[38] für diejenigen Schriftsteller, die auch in einer enttäuschenden Situation an ihrem selbstgestellten pädagogischen Auftrag festhalten: überzeugt davon, daß der Mensch ,,nicht nur Produkt der Um- und Zustände" ist,[39] sondern über ihnen stehen und sie verbessern kann. Hier hat der Schriftsteller helfend einzugreifen: durch Aufklärung und Erziehung, durch den Abbau von Vorurteilen unter den Menschen und durch den Entwurf von erstrebenswerten Formen eines glücklichen gesellschaftlichen Zusammenlebens. Insofern kann neben den Begriff des ‚Idealisten' auch der des ‚Utopisten' gestellt werden.

Dies mag – nach Kästners Ablehnung aller ‚verschönenden' Literatur – überraschend klingen. Aber zu Recht wurde darauf hingewiesen, daß Kästners Werk – und speziell die Kinderbücher – durchaus utopische Aspekte aufweise. Zu diesem Nebeneinander von Satire und Utopie, von Entlarvung einer schlechten Wirklichkeit und Ausmalung einer besseren Gegenwelt sagte Kästner in seiner bereits zitierten Ansprache über sich selbst: ,,Als ich ihn einmal fragte, warum er neben seinen bitterbösen Satiren Bücher für kleine Jungen und Mädchen schreibe, gab er eine Antwort, die uns aus der Klemme helfen kann. Die Attacken, sagte er, die er, mit seinem als Lanze eingelegten Bleistift, gegen die Trägheit der Herzen und gegen die Unbelehrbarkeit der Köpfe ritte, strengten sein Gemüt derartig an, daß er hinterdrein, wenn Rosinante wieder im Stall stünde und ihren Hafer fräße, jedesmal von neuem das unausrottbare Bedürfnis verspüre, Kindern Geschichten zu erzählen.

Das täte ihm über alle Maßen wohl. Denn Kinder, das glaube und wisse er, seien dem Guten noch nahe wie Stubennachbarn. Man müsse sie nur lehren, die Tür behutsam aufzuklinken."[40]

Diese von Kästner selbst gegebene autorpsychologische Erklärung muß trotz ihres scherzhaften Tons und ihrer ironischen Vergleiche ernst genommen werden. Zum einen signalisiert sie den durch die Wirklichkeit nicht zu unterdrückenden Idealismus Kästners, zum andern seine – ihm durchaus bewußte – Angst, im Kampf gegen die verkehrten Zustände der Welt zum Don Quijote zu werden: beides Formen jenes oben schon erwähnten Außenseitergefühls. Zugleich aber läßt diese Erklärung das ganz erhebliche und anscheinend oft zu kurz gekommene Harmoniebedürfnis gerade auch des Satirikers und Gesellschaftskritikers Kästner erkennen. Dieses ist in Kästners Werk wiederzufinden und kann unter den von Dirk Walter auf Kästner gemünzten Begriff der „Idyllensehnsucht" subsumiert werden.[41]

Im übrigen ist das Nebeneinander und manchmal Ineinander von Satire und Utopie keineswegs ein Spezifikum Kästners, vielmehr braucht der Gesellschaftskritiker und Satiriker für seine Kritik an den gegenwärtigen und als mangelhaft empfundenen Zuständen notwendigerweise die Folie eines positiven und tendenziell utopischen Normensystems und Existenzmodells. Wurden solche Vorstellungen von anderen Satirikern in ausgearbeiteten Gesellschaftsutopien fixiert, so geschieht dies bei Kästner nur ansatzweise in seinen Kinderbüchern, wie vor allem Egon Schwarz hervorgehoben hat: Während Kästner im ‚Fabian' wie im größten Teil seiner Gedichte „Entrüstung, Zorn und bissigem Hohn freien Lauf läßt", hängt er „in den Kinder- und Unterhaltungsbüchern seinen Hoffnungen, Wünschen, Träumen" nach.[42] Von der Schlechtigkeit der Erwachsenen und von der Verkehrtheit ihrer Welt enttäuscht, wendet er sich dem Kind zu. Das Kind aber ist für ihn zweierlei: „verklärter Rückblick in eine schöne Zeit und Hoffnung auf ein besseres Morgen. Die Gemeinsamkeit, die den Schritt in die Vergangenheit mit dem Vorauseilen in die Zukunft verbindet, ist Abscheu vor der Gegenwart."[43] Die heile (oder nach einer Störung alsbald wieder geheilte) Welt von Emil und Anton, Pünktchen und Lottchen ist von jener naiven Vernünftigkeit und von jenen Tugenden geprägt, deren Fehlen bei den Erwachsenen Kästner als Hauptursache für die gesellschaftlichen Mißstände betrachtete.

Diesem Defizit an Vernünftigkeit und Moralität schrieb Kästner es auch zu, daß die Weltgeschichte wie ein Trauerspiel verlief[44] und zu Träumen von einer glückseligen Welt wenig Anlaß bot. Die Überzeugungs- oder Durchsetzungskraft von Vernunft und Moral in der Politik veranschlagte Kästner gering, wie deutlich genug aus seinem ‚Märchen von der Vernunft' hervorgeht:[45] Der auf einer weltpolitischen Konferenz unterbreitete Vorschlag eines vernünftigen und netten alten Herrn, eine eben so hohe Summe wie für den letzten Krieg nun für die glückliche Zukunft der Völker zu investieren, geht im brüllenden Gelächter der Politiker unter. Damit ist der Plan erledigt und braucht nicht weiterverfolgt zu werden. Kästners geschichtliche Erfahrungen und seine illusionslose Betrachtung der Welt zogen seinem utopischen Denken enge Grenzen und raubten ihm selbst den Glauben an die Realisierbarkeit seiner Entwürfe. So schreibt denn auch Peter Michelsen ganz zu Recht: „Die Utopie bei Kästner ist gebrochen."[46]

Dem entspricht auch Kästners tendenziell negative oder pessimistische Anthropologie. Er unterstellte dem Menschen eine starke Neigung zum Bösen, die eben durch pädagogische Anstrengungen ausgeglichen werden muß. Aber an die Möglichkeit eines ‚neuen', eines vollkommen ‚guten' Menschen wollte er auch als überzeugter und unentwegter „Pädagoge" nicht glauben. Das Amt des Schriftstellers sah er folglich darauf beschränkt, „uns daran zu erinnern, daß wir, wenn schon nicht gut, so doch besser werden sollten":[47] eine jener paradox klingenden Formulierungen, mit denen Kästner seine eigene Enttäuschung und Verunsicherung in dieser zentralen Frage seines Schaffens realistisch eingestehen und zugleich idealistisch überwinden wollte.

Kästner erwartet keine wirklich ins Leben der Nation eingreifende Wirkung der Literatur. „Das Volk der Dichter und Denker hat seine Dichter und Denker nie ernst genommen“,[48] konstatierte er 1950. Und im ‚Deutschen Ringelspiel 1947‘ heißt es:[49]

„Ich bin der Dichter, der euch anfleht und beschwört.
Ihr seid das Volk, das nie auf seine Dichter hört.“

Angesichts dieser negativen Einschätzung seines Publikums und dessen Bereitschaft, Literatur ernst zu nehmen und aufklärerische, gegen mißliche Zeitströmungen angehende Schriftsteller als Warner zu akzeptieren, verdient Kästners beharrliches zeitkritisches Engagement Bewunderung. Gegen resignative Stimmungen, die ihn anscheinend leicht und häufig ankamen, hat er sich gewehrt. Noch 1953 vertrat er die Maxime: „Resignation ist kein Gesichtspunkt.“[50] 1956 beschrieb Kästner seine Position im Vorwort zu einer Auswahl aus seinen Gedichten und Essays genauer: „Dieses Taschenbuch enthält Arbeiten aus etwa dreißig Jahren. Die Auswahl reicht von Anklagen gegen die Nachlaßverwalter des ersten bis zu Warnungen vor den Formgestaltern des dritten Weltkriegs. Und sie reicht vom Elan eines jungen Menschen, der an die Macht des vernünftigen Worts glaubte, bis zur Skepsis eines älteren Mannes, dem sein Kinderglauben abhanden kam. (...) Er weiß nun, daß Dummheit unbelehrbar und Bosheit unbekehrbar ist. Das stimmt ihn resigniert. Er weiß aber auch, daß es viele Einzelne gibt, denen das zusammengehörige Wort das Herz stärkt und den Rücken steift, weil sie plötzlich spüren, daß sie nicht allein sind. Und deswegen resigniert er nicht.“[51]

Tatsächlich hat Kästner auch während der Fünfziger Jahre an seinem zeitkritischen Engagement festgehalten, programmatisch etwa in der ‚Rede zur Verleihung des Georg Büchner-Preises 1957‘,[52] praktisch vor allem in dem Drama ‚Die Schule der Diktatoren‘ (1956) und im Tagebuch ‚Notabene 45‘. Im Gesamtbild Kästners aber begann eine zuvor nicht so stark entwickelte Komponente von Kästners Wesen zu dominieren: die des Humoristen. Diese Veranlagung prägte Kästners Schaffen nunmehr so nachhaltig, daß er seltener gefragt wurde, wo denn das „Positive“ bleibe, als vielmehr, wo er denn das „Negative“ noch anzeige und anprangere.[53] Auf eine entsprechende Frage entgegnete Kästner einmal sehr unwirsch, daß er es satt sei, immerzu gegen dieselben Fehler und Mißstände zu polemisieren.[54] Fast scheint es, als habe Kästner eine altersbedingte Flucht in den Humor angetreten, um mit der Gesellschaft seinen Frieden zu machen und um das Gefühl und den Ruf des Außenseiters loszuwerden. Mit dem Alter dürfte sich Kästners Harmoniebedürfnis verstärkt haben; er ging nervenaufreibenden Auseinandersetzungen und Polemiken aus dem Weg, ließ aber an seinem kritischen Standpunkt gegenüber der bundesrepublikanischen Gesellschaft und Politik keinen Zweifel.

Wenn der (alternde) Kästner mehr und mehr als Humorist erscheint (zwischen 1958 und 1965 gab er nicht weniger als vier Anthologien heraus, deren Titel mit dem Wort „Heiterkeit“ beginnen), so ist einzuräumen, daß Kästners Werk von Anfang an humoristische Elemente enthielt, daß Kästner sogar mit einigen seiner Gedichte und Erzählungen die Tradition des ‚höheren literarischen Blödsinns‘ oder der ‚Unsinnspoesie‘ fortführte.[55] Dabei ist ‚Unsinn‘ oder ‚Nonsense‘ – nach einer Definition von Dieter Baacke – als „eine besondere Spielart der Phantasie“ zu betrachten, „ist nicht sachunangemessenes Reden aus Leichtfertigkeit, pueriler Albernheit oder mangelnder Information, sondern schafft einen Spielraum an der Grenze möglicher Vorstellungen und ihrer sprachlichen, künstlerischen oder realen Darstellung, der nicht nur von üblichen Vorstellungs- und Verhaltenszwängen entlastet, sondern eine distanzierende Heiterkeit und eine neue Optik für Menschen, Gegenstände und deren Konstellationen auf die Räume gestattet, in denen wir leben müssen“.[56] In der Tat dienen auch Kästners Schabernack und Sprachwitze nicht nur der puren Heiterkeit oder dem bloßen Lacherfolg, sondern sind bewußt eingesetzte Mittel des Moralisten im Umgang mit seinen Zeitgenossen und mit sich selbst. Vom Humor sprach Kästner – mit einer für ihn typischen Paradoxie – als dem ,,ernstesten Thema der Welt",[57] bedauernd, daß sich die deutsche Literaturgeschichte durch ein auffallendes Defizit an Lustspielen, an komischer und humoristischer Literatur auszeichnet: ,,Die deutsche Literatur ist einäugig. Das lachende Auge fehlt."[58] Kästner betrachtet dies als Zeichen dafür, daß es den deutschen ,Dichtern und Denkern' seit jeher an jener ,,inneren Heiterkeit"[59] mangelte, die er – unter dem Begriff des Humors – als menschlichen ,Grundwert' propagierte. In einer ,Kleinen Neujahrs-Ansprache vor jungen Leuten' nannte Kästner ,,vier archimedische Punkte" für die Rettung und Fundierung der moralischen, sozialen und politischen Welt: erstens ,,Gewissen" (das von Kästner wohl überhistorisch-normativ gedacht ist und als ,,Kompaß" eines humanen Verhaltens dienen soll), zweitens ,,Vorbilder", drittens ,,Kindheitserinnerung" und viertens ,,Humor": ,,Jeder Mensch erwerbe sich Humor! Das ist nicht unmöglich. Denn immer und überall ist es einigen gelungen. Der Humor rückt den Augenblick an die richtige Stelle. Er lehrt uns die wahre Größenordnung und die gültige Perspektive. Er macht die Erde zu einem kleinen Stern, die Weltgeschichte zu einem Atemzug und uns selber bescheiden. Das ist viel. Bevor man das Erb- und Erzübel, die Eitelkeit, nicht totgelacht hat, kann man nicht beginnen, das zu werden, was man ist: ein Mensch."[60] Humor verändert den Blick auf die Welt, die Gesellschaft, den Menschen. Dies wird von Kästner ausschließlich positiv beschrieben und bewertet: als Befreiung aus unangemessenen Wahrnehmungsgewohnheiten und falschen Denkstrukturen, als Befähigung zu einer bescheidenen Selbsteinschätzung und gelassenen Weltbetrachtung. Darin sieht Kästner mit Recht eine Voraussetzung für die Entfaltung von Menschlichkeit, insofern als diese – unter der Obhut des Humors – nicht mehr durch ungerechtfertigte Ansprüche und übertriebene Erwartungen des einzelnen gegenüber der Umwelt und der Geschichte deformiert oder ausgeschaltet wird. Humor, wie Kästner ihn meint, ist auf die Versöhnung des Menschen mit der unzulänglichen und widersprüchlichen Welt bedacht, will Trost spenden, wo Mangel herrscht, und Harmonie stiften, wo Gegensätze sind. Daß dadurch die Bereitschaft zu mitmenschlicher Verträglichkeit gefördert wird, liegt auf der Hand.

In der versöhnlichen Wirkung des Humors liegt allerdings auch eine Gefahr, die Kästner übersehen hat, vielleicht übersehen wollte: die Gefahr, sich lachend auch solchen Verhältnissen anzupassen, die aus Gründen der Menschlichkeit nicht akzeptiert werden dürften. Indem sich der Humorist über die Widrigkeiten der Welt hinwegsetzt, enthält er sich zugleich der Anstrengungen, die etwa der Satiriker unternimmt, um eine Beseitigung vermeidbarer Übel herbeizuführen. Kästner hat – nicht erst im Alter – zwischen beiden Haltungen geschwankt,[61] doch ist er nie zum Agenten eines bloß bequemen Lebens in einer unerfreulichen Zeit geworden.

Freilich: Walter Benjamin war da anderer Ansicht. In seinem 1931 verfaßten Essay ‚Linke Melancholie'[62] bezichtigte er Kästner der routinierten Schwermütigkeit, der negativistischen Ruhe, des Nihilismus, der gequälten Stupidität, der Süffisanz und des Fatalismus: Signaturen einer Haltung, die nicht die aktive, auf Veränderung zielende Auseinandersetzung mit der Welt wolle, sondern eine wohlfeile Versöhnung. So kam denn Benjamin auch zu dem Fazit: „Nie hat man in einer ungemütlichen Situation sich's gemütlicher eingerichtet."[63]

Benjamins hellsichtige Kritik an Kästner wird im einzelnen noch zu bedenken sein, wenn Kästners Gedichte (auf die sich Benjamin bezog) genauer betrachtet werden. Bestätigt und zugleich relativiert wurde sie bereits durch Alfred Andersch, dessen bemerkenswertes Urteil über Kästner hier zitiert sei (Andersch war 1945/46 Assistent Kästners in der Redaktion der Münchener ‚Neuen Zeitung', zählte sich aber nicht zur „geistigen Gefolgschaft" Kästners): „Kästners Satire ist wirkungslos, Benjamin hat beschrieben, warum, aber sein Urteil ist zu hart, Kästner war ein linker Geist, nur gehörte er zu jener Spielart von linken Intellektuellen, die schon resigniert hat, ehe sie beginnt zu schreiben. Man könne doch nichts machen, sagt sie und beklagt das Unabänderliche. Kästner selbst hat diesen Eindruck, den seine Gedichte machen, nicht wahrgenommen, sondern gehofft, „daß die Menschen vielleicht doch ein wenig, ein ganz klein wenig besser werden könnten, wenn man sie oft genug beschimpft, bittet, beleidigt und auslacht". Benjamins Kritik an ihm ist richtig, doch macht sie den Fehler, der fast aller Kritik innewohnt (und den Benjamin sonst nie macht): sie will aus einem Autor einen ganz anderen Autor machen als denjenigen, der er ist. Wenn ich heute Kästner wiederlese, so gefallen mir am besten seine Beschreibungen der kleinen Zustände. (...) Was seine überall zitierten politischen Gedichte betrifft, so gilt für sie sein „Es sieht fast aus, als wollten wir wen meucheln / Dabei ist unsre Absicht gar nicht bös". Ihn an Brecht zu messen, geht nicht an."[64]

Blicken wir auf die bisherigen Ausführungen als Versuch einer ersten Sichtung und Beschreibung des schriftstellerischen Programms von Erich Kästner zurück, so sind folgende Begriffe zu seiner Charakterisierung festzuhalten: Aufklärer, Rationalist, Moralist, Pädagoge, Satiriker, Idealist, Utopist, Humorist. Hinzuzufügen wäre – nach Benjamin – eventuell noch der Begriff des Melancholikers, für den es in Kästners Werk (und zumal im ‚Fabian', der nach Benjamins Essay erschien) deutliche Anhaltspunkte gibt; von eindeutig negativen Begriffen wie ‚Fatalist' und ‚Nihilist' sei vorerst einmal abgesehen.

Die zuerst genannten Bezeichnungen wurden von Kästner selbst aufgebracht und verwendet; sie dienten seinem Selbstverständnis und seiner Profilierung nach außen. Weitere – positiv gemeinte – Bezeichnungen, die von Kästner selbst oder von anderen gebraucht wurden, um einzelne Nuancen seiner menschlichen und schriftstellerischen Erscheinung hervorzuheben, könnten noch genannt werden. Zu fragen ist allerdings, welchen Sinn es hätte, alle möglichen Etiketten für Kästner und sein Werk aufzuzählen. Wichtiger und freilich auch problematischer ist es, das ‚Spannungsverhältnis' der bisher angeführten Begriffe zu erhellen. Karl August Horst beschreibt dies so: „Geht man (...) von jenem Sinn für das Rechte aus, der ständig gezwungen ist, sich mit dem Unrecht auseinanderzusetzen, und dem in der Kindheit und der Erinnerung an die Kindheit das Bild des ungeteilten, aber nie mehr zu erreichenden Menschen vor Augen steht, so ergibt sich ein dreifach gespanntes Verhältnis: zwischen Vernunft und Widervernunft, das den Rationalisten Kästner bezeichnet (...); zwischen Vernunft und Naivität, das den Humoristen und Märchenerzähler Kästner zeitigt; zwischen Widervernunft und Naivität, das den Satiriker Kästner ausmacht."[65]

Dieses Modell eines dreifachen Spannungsverhältnisses darf nicht als statisch aufgefaßt werden, sondern muß von Werk zu Werk in einer jeweils anderen Nuancierung gesehen werden. Mit den Begriffen ‚Vernunft', ‚Naivität' und ‚Widervernunft' bezeichnet es die positiven und negativen Fixpunkte der tendenziellen Einheitlichkeit von Kästners Gesamtwerk, die trotz der gattungsbedingten Unterschiedlichkeit der Gedichtbände, der zeitkritischen und der unterhaltenden Romane, der Kinderbücher, der Theaterstücke, der Kabarettnummern und der feuilletonistischen bzw. essayistischen Arbeiten deutlich wahrnehmbar ist und ein wichtiges Charakteristikum von Kästners Werk ausmacht. Unterstützt durch den in allen Werken durchscheinenden Kästnerschen Stil oder ‚Kästner-Ton', ist diese tendenzielle Einheitlichkeit das Produkt aus dem ständigen Versuch eines vernünftigen Denkens und moralischen Urteilens, aus der Vorliebe für einige wenige Personentypen (in Gedichten, Romanen und Bühnenstücken) und aus der unverkennbaren autobiographischen Einfärbung des gesamten Werks.

Zu dieser ‚Einfärbung' schreibt Hermann Kesten im Vorwort zu Kästners ‚Gesammelten Schriften': „Erich Kästners Werk ist reich an autobiographischen Elementen. (...) Viele Details seiner Gedichte, Romane, Dramen, Träume und Visionen sind Details aus seinem privaten Leben, aus seinen privaten Visionen. Er schildert sich oder sein Leben, seine eigene Zeit, seine Gesellschaft, seine Epoche, seine Fixierungen und Vorurteile, Überzeugungen und Melancholien, seine eigenen Enttäuschungen und Ideale, seine Herkunft und Geschichte. (...) Die gesammelten Werke von Erich Kästner sind seine transfigurierte Autobiographie in 35 Bänden. In Kinderbüchern, Gedichten, Romanen und Dramen kehren dieselben Figuren wieder, dieselben Verhältnisse, Beziehungen und Bezüge, überall taucht Erich Kästner auf, er ist der autobiographische Held seiner Gedichte, er ist Fabian in seinem Roman, er ist der ‚Siebente' in der ‚Schule der Diktatoren' (...)"[66] Eine derartige Identifizierung des Autors Kästner mit den Helden seiner Romane und Dramen ist freilich zu eindeutig, auch wenn diese durch ausgewiesene autobiographische Momente geprägt sind. Karl August Horst hat denn auch dagegen eingewandt, Kästner sei mitnichten „ein moralisierender Programmatiker, der sich autobiographisch ins Recht setzt".[67] Als das Gemeinsame von Kästners Büchern sieht Horst „nicht das Autobiographische, sondern die Differenz zwischen dem Charakter und der Daseinsrolle", d. h. die – in allen Werken durchscheinende – Differenz zwischen Naivität und Vernunft, die der Moralist Kästner überwunden sehen wollte.[68]

Man wird konzedieren müssen, daß Kästners Werke weniger durch autobiographisch geformte Heldenfiguren zusammengehalten werden als vielmehr durch Kästners überall sich mehr oder minder deutlich äußernden Moralismus. Allerdings: Dieser Moralismus ist kein bloßes Gedankenkonstrukt, sondern Produkt von Erfahrungen, Einsichten, Überzeugungen, Wünschen und Visionen des Autors, und insofern ist er – wie Kesten sehr wohl sah – autobiographisch geprägt. Das Thema des Schriftstellers Kästner war: seine Welt und seine Zeit, und er in ihnen. Daß Kästners Zeit für Deutschland eine Zeit größter politischer Katastrophen und tiefgreifender gesellschaftlicher Umwälzungen war, wirkte sich unmittelbar auf Kästners Entwicklung aus und fand einen entsprechenden Niederschlag in seinem Werk. Dieses ist bis heute ein immer noch lesenswerter kritischer, manchmal unbequemer Kommentar insbesondere zum Ende der ersten und zum Beginn der zweiten deutschen Demokratie.

II. Leben und Werk

Korrelierend mit den vier Phasen deutscher Geschichte seit dem Beginn dieses Jahrhunderts ist Kästners Leben (1899–1974) in vier biographische Epochen zu unterteilen, denen – zwar nicht in genauer Parallelität, aber doch mit einer gewissen Folgerichtigkeit – vier geographische Stationen zuzuordnen sind: Erich Kästner erlebte seine Kindheit und Jugend, die mit dem Höhepunkt des Wilhelminischen Imperialismus zusammenfielen und mit dem Untergang des Kaiserreichs endeten, in Dresden. Von 1919 bis 1925 studierte er (mit kurzen Unterbrechungen) in Leipzig; 1927 zog er nach Berlin, wo er – in den Krisenjahren der Weimarer Republik – seinen Ruhm als zeitkritischer Schriftsteller und als Kinderbuchautor begründete; in Berlin verbrachte Kästner auch das Dritte Reich, mit Publikationsverbot für Deutschland belegt und auf das Schreiben von Unterhaltungsromanen eingeschränkt. Im März 1945 setzte sich Kästner nach Bayern ab, ließ sich später in München nieder, engagierte sich für den Wiederbeginn des literarischen Lebens und lieferte als Journalist und Kabarettist kritische Kommentare zur politischen und gesellschaftlichen Entwicklung während der Phase des ‚Wiederaufbaus', der Gründung und Konsolidierung der Bundesrepublik.

In Einzelheiten wurde Kästners Leben von seiner langjährigen Mitarbeiterin und Lebensgefährtin Luiselotte Enderle beschrieben.[69] Im Folgenden soll deswegen nur versucht werden, die wichtigsten Daten und Fakten hervorzuheben und sie – soweit wie möglich – als prägende Voraussetzungen oder notwendige Bedingungen für Kästners Werk kenntlich zu machen. Für die Zeit der Kindheit und schulischen Ausbildung kann im übrigen auf die Untersuchung von Kurt Beutler zurückgegriffen werden,[70] und nicht zuletzt auch auf Kästners Kindheitserinnerungen ‚Als ich ein kleiner Junge war' (1957).[71]

Diese können allerdings nur sehr bedingt als realistische Darstellung von Kästners Kindheit betrachtet werden, denn sie unterliegen sozusagen einem doppelten ‚Glückspostulat': Nicht nur, daß sie der bei Kindheits- und Jugenderinnerungen generell zu beobachtenden Tendenz gehorchen, die Kindheit – wie Kästner selbst auch schreibt – zu einem ‚Goldenen Zeitalter' zu stilisieren;[72] vielmehr sind sie zugleich von Kästner – auch wenn er sich im Vorwort an „Kinder und Nichtkinder"[73] wendet – entschieden als Kinderbuch konzipiert und folgen deswegen Kästners Vorstellungen von kindgerechter Lektüre. Diese bündeln sich in dem vorweg genannten Grundsatz „Nicht alles, was Kinder erleben, eignet sich dafür, daß Kinder es lesen",[74] und in der gleichsam leitmotivisch wiederholten Formel „Doch das gehört nicht hierher",[75] die meist dann auftaucht, wenn über prekäre Situationen oder bedrückende Verhältnisse zu berichten gewesen wäre. Die störenden Elemente der Kindheit werden zwar punktuell genannt, nicht aber mit allen ihren Konsequenzen in die Schilderung der Kindheit integriert, sondern – im Schwärmen von der ‚Goldenen Zeit' – meist wieder verdrängt. Sofern Kästner die Schilderung seiner Kindheit nicht als Kinderbuch verstanden wissen wollte, sondern dezidiert als „Kindheitserinnerungen",[76] versuchte er, dieses Verfahren zu legitimieren: „Denn fürs Aufschreiben von Erinnerungen gelten zwei Gesetze. Das erste heißt: Man kann, ja man muß vieles weglassen. Und das zweite lautet: Man darf nichts hinzufügen, nicht einmal eine Maus."[77]

Orientiert an diesen erzählerischen Grundsätzen und an der Leitidee von der Kindheit als einer ‚Goldenen Zeit', haben Kästners Kindheitserinnerungen prinzipiell einen Zug zum Idyllischen und zur gesellschaftlichen Harmonie. Die Schilderung des Kästnerschen Familienlebens, auch des gewiß mühseligen Alltags im kleinbürgerlichen Haushalt, ist weitgehend im beschaulichen und humorvollen Ton des Genrebilds gehalten. Im 15. Kapitel, wo über die Urlaubswanderungen und Radtouren mit der Mutter berichtet wird, heißt es: „Manchmal hatte ich sogar meine buntbebänderte Laute dabei, da sang es sich noch besser: ‚Da draußen, stets betrogen, saust die geschäft'ge Welt', sangen wir, und der Herr von Eichendorff, der Dichter des Liedes, hätte seine helle Freude an uns beiden gehabt, wenn er nicht schon tot gewesen wäre. Zwei glücklichere Enkel der Romantik hätte er so bald nicht gefunden."[78]

Man muß diese momentane Gefühlsäußerung als Ausdruck einer angestrengten, ja fast verzweifelten Suche nach Glück verstehen, die Mutter und Sohn verband und beiden im übrigen wenig Zeit ließ, sich von der „geschäft'gen Welt" zu distanzieren, einer Welt, die für die Familie Kästner drückende Existenzprobleme bereithielt. Einige dieser (noch genauer zu betrachtenden) Probleme werden auch in den Kindheitserinnerungen thematisiert und relativieren somit die Tendenz zum Idyllischen, die dann auch durch das Ende der Autobiographie in fast schockierender Weise kontrapunktiert wird: „Am 1. August 1914, mitten im Ferienglück, befahl der deutsche Kaiser die Mobilmachung. (...) Der Weltkrieg hatte begonnen, und meine Kindheit war zu Ende."[79]

Doch bleiben wir noch bei Kästners Kindheit und Jugend in Dresden (1899–1919). Geprägt wurden diese Jahre durch den sozialen Abstieg des Vaters und durch den unentwegten Aufstiegswillen der Mutter. Der Vater, Emil Kästner, scheiterte infolge der fortschreitenden Industrialisierung als selbstständiger Satttlermeister in Döbeln, zog 1895 nach Dresden und arbeitete fortan – schlecht bezahlt – in einer Kofferfabrik. Von Anfang an versuchte seine Frau, Ida Amalia, zur Behebung der finanziellen Not beizutragen. Im Stücklohn nähte sie zu Hause Leibbinden, bis dies nach der Geburt Erichs nicht mehr möglich war. Um den ausfallenden Lohn zu ersetzen, wurde von der engen Wohnung das schönste Zimmer abgezweigt und vermietet.

Als Erich in die Schule kam, erlernte seine 34jährige Mutter den Beruf der Friseuse und eröffnete in ihrem Schlafzimmer ein Etagengeschäft, das von Frauen aus der Nachbarschaft besucht wurde und gerade soviel eintrug, daß Ida Amalia Kästner – immer noch unter großen alltäglichen Entbehrungen – ihrem Sohn und sich selbst Bildungs- und Reiseerlebnisse ermöglichen konnte, wie sie zu dieser Zeit nicht für das Kleinbürgertum und Proletariat typisch waren, sondern eher für die bürgerliche Mittelschicht: Lektüre, Klavierunterricht, Theater- und Opernbesuche, jährliche Wanderungen und Radtouren. Ida Amalia bezahlte auch die Schulgelder, später die Kosten für das Lehrerseminar, für das Gymnasium und teilweise auch für das Studium. ,,Bildung und Kultur" wurden, wie Kurt Beutler schreibt, für Kästner ,,zu Idealen, die nur unter Opfern erreicht werden können."[80] Im Falle Kästners konnten sie in der Tat nur durch das tägliche Opfer erfordernde Engagement der Mutter und durch eine außergewöhnliche familiäre Solidarität angestrebt werden. Auch dies dürfte dazu beigetragen haben, daß Kästner zeitlebens eine enge Mutterbindung und eine gefühlsmäßige Zuneigung zur kleinbürgerlichen Familiarität bewahrte.

Welche Leistung Kästners Bildungsweg darstellt, kann aus der Sozialstatistik des Kaiserreichs erschlossen werden:[81] Nur ein sehr geringer Prozentsatz jeden Jahrgangs erhielt Zugang zum Gymnasium, ein noch geringerer zur Universität; und zum größten Teil kamen die ‚Pennäler' und Studenten aus dem akademisch gebildeten Bildungsbürgertum und Beamtentum. Mit anderen Worten: Kästner stieg – trotz ungünstigster materieller und sozialer Voraussetzungen – in die Gruppe der Akademiker auf, in der seine Schicht ganz deutlich unterrepräsentiert war.

Aber um welchen Preis wurde dieser Aufstieg, der – angesichts des ‚akademischen Proletariats' der 20er Jahre – als recht fragwürdig bezeichnet werden muß, erkauft?

Durch die völlige Fixierung der Mutter auf die Bildungschancen und den Werdegang des Sohnes wurden ihre Beziehungen zum Ehemann dauerhaft gestört. Emil Kästner spielte im familiären Leben eine Nebenrolle, zog sich täglich nach der Fabrikarbeit in eine provisorisch eingerichtete Kellerwerkstatt zurück und beschäftigte sich mit Sattlerarbeiten.[82] Andererseits hielten die Nerven der Mutter dem selbstauferlegten Leistungsdruck auf die Dauer nicht stand. In Phasen der Überarbeitung und der Depression drohte sie sich in die Elbe zu stürzen. Die ergreifende Schilderung dieser Stunden der Verzweiflung bildet in Kästners ‚Kindheitserinnerungen'[83] ein realistisches Moment gegenüber der Tendenz, die jahrelangen Opfer, die für den Aufstieg erbracht wurden, zu verklären. Die zeitliche Distanz zu ihnen milderte ihre Härte, der geglückte Aufstieg und der schriftstellerische Erfolg bestätigten ihren Sinn. Prägend aber wirkte auf Kästner die Erfahrung, daß Bildung und Kultur keine Selbstverständlichkeit waren, sondern unter Verzicht erarbeitet werden mußten. Sie wurden für Kästner Werte, die ein starkes Engagement erforderten und rechtfertigten. Kästners lebenslange pädagogischen Anstrengungen resultieren mithin auch aus seinem eigenen, mühselig erarbeiteten Bildungsgang.

„In den drei Häusern meiner Kindheit gab es keine Marmorgöttinen, keine Nymphen aus Bronze und keine höheren Töchter", konstatierte Kästner in seinen ‚Kindheitserinnerungen'.[84] Das kulturelle Defizit im kleinbürgerlich-proletarischen Milieu Dresdener Vorstadtstraßen, auf das Kästner hier anspielt, wurde in seinem Fall jedoch nicht nur durch die Anstrengungen der Mutter einigermaßen ausgeglichen, sondern durch den Zufall, daß der erste und dann auch die folgenden Untermieter der Familie Kästner Lehrer waren. „Ich wuchs also mit Lehrern auf", schreibt Kästner. „Ich lernte sie nicht erst in der Schule kennen. Ich hatte sie zu Hause."[85] Der familiäre Umgang mit den aufgeschlossenen jungen Pädagogen hatte – wie Kurt Beutler feststellt – den Effekt, daß sich Kästners „erste Begegnung mit dem schulpädagogischen Bereich glücklich vollzog. (...) Die Voraussetzung für ein positives Verhältnis zur Schule war geschaffen."[86] Dadurch wurden nicht nur die überdurchschnittlichen Leistungen des Musterschülers Erich Kästner begünstigt (Luiselotte Enderle präsentiert in ihrer Bildbiographie ein „Zeugnis mit lauter Einsern"),[87] vielmehr wurde durch die „pädagogische Atmosphäre"[88] in der Kästnerschen Wohnung Erichs pädagogisches Interesse geweckt, das sich zu dem Berufswunsch steigerte, Lehrer zu werden.

Dieser Berufswunsch wurde durch die Erfahrung eines tobsüchtig prügelnden Volksschullehrers keineswegs gebrochen,[89] und 1913 bezog Kästner das Freiherrlich von Fletscher'sche Lehrerseminar in Dresden, ein Internat mit militärähnlichen Lebens- und Umgangsformen.[90] Erst in der Konfrontation mit der autoritären Pädagogik des Wilhelminischen Obrigkeitsstaats gab Kästner seine Absicht, Lehrer zu werden, auf. Seine eigenen pädagogischen Vorstellungen widersprachen den Prinzipien der ‚Untertaneneinübung', wie sie an den damaligen Lehrerseminaren vermittelt wurden.

Kästners Reaktion auf den Wilhelminischen Obrigkeitsgeist, die einer Verweigerung gleichkommt, ist eine Konsequenz seiner durchaus untypischen Sozialisation. Während nämlich generell die paternalistische Familie als wichtigster Multiplikator für die Seinsnormen und -formen der autoritären Gesellschaft des Kaiserreichs wirkte, wurden in Kästners Fall offensichtlich durch die – normabweichend – untergeordnete familiäre Rolle des Vaters eine nicht auf Autorität fixierte Haltung begünstigt und die Ausbildung eigener Orientierungsmaßstäbe gefördert. Auch die zweite wichtige Sozialisationsagentur und Instanz für die ‚Untertaneneinübung', die Volksschule, hatte für Kästner durch den familiären Umgang mit Lehrern den Zwangscharakter weitgehend verloren. Umso unerträglicher war für Kästner daher die Erfahrung geistiger Pressionen am Lehrerseminar. Sein Protest bestand in der Abwendung vom Lehrerberuf und in der späteren literarischen Kritik autoritärer Erziehungssysteme (etwa in der Kurzgeschichte ‚Die Kinderkaserne', in der Kästner besonders schmerzliche Erfahrungen seiner Internatszeit tragisch zuspitzte).[91]

Eine weitere wichtige Disziplinierungsinstanz des Kaiserreichs lernte Kästner glücklicherweise erst im Stadium ihres beginnenden Zerfalls kennen, freilich auch da noch schmerzhaft genug: das Militär. Als Kästner 1917 zu einer Einjährig-Freiwilligen-Kompanie eingezogen wurde (von freiwillig kann keine Rede sein), war das kaiserliche Heer durch das Grauen der Vernichtungsschlachten längst des martialisch-schönen

Scheins der Paraden und Manöver entkleidet und war das Offizierskorps durch die sich abzeichnende Niederlage seines hybriden gesellschaftlichen Prestiges beraubt. Allerdings fiel Kästner einem üblen ‚Schleifer' in die Hände und zog sich durch das harte Exerzieren ein schweres Herzleiden zu. Zwar blieb ihm dann der Fronteinsatz durch das Kriegsende erspart, aber schon die hinter der Front gemachten Erfahrungen einer sadistischen Rekrutenausbildung machten Kästner zum entschiedenen Antimilitaristen, der auch nicht das Geringste mehr übrig hatte für militärisches Herrenmenschentum. Mit diesem rechnete Kästner in Gedichten, Aufsätzen und Satiren ab, ohne sich – angesichts der fortdauernden militaristischen Tradition in Deutschland – jemals ganz von dem erlittenen Trauma befreien zu können. Die Niederlage von 1918 beurteilte er sozusagen als Rettung vor der völligen Militarisierung des deutschen Volks:

„*Die andre Möglichkeit*

Wenn wir den Krieg gewonnen hätten,
mit Wogenprall und Sturmgebraus,
dann wäre Deutschland nicht zu retten
und gliche einem Irrenhaus.

Man würde uns nach Noten zähmen
wie einen wilden Völkerstamm.
Wir sprängen, wenn Sergeanten kämen,
vom Trottoir und stünden stramm.

Wenn wir den Krieg gewonnen hätten,
dann wären wir ein stolzer Staat.
Und preßten noch in unsern Betten
die Hände an die Hosennaht.

Die Frauen müßten Kinder werfen.
Ein Kind im Jahre. Oder Haft.
Der Staat braucht Kinder als Konserven.
Und Blut schmeckt ihm wie Himbeersaft.

Wenn wir den Krieg gewonnen hätten,
dann wär der Himmel national.

Die Pfarrer trügen Epauletten.
Und Gott wär deutscher General.

(...)

Dann läge die Vernunft in Ketten.
Und stünde stündlich vor Gericht.
Und Kriege gäb's wie Operetten.
Wenn wir den Krieg gewonnen hätten –
zum Glück gewannen wir ihn nicht!"[92]

Überblickt man die Entwicklung Erich Kästners bis zum Jahr 1918, so ist vor allem Folgendes festzuhalten: Die Sozialisationsinstanzen Familie, Schule und Militär, wie sie Hans-Ulrich Wehler als „Matrix der autoritären Gesellschaft" des Wilhelminischen Reichs beschrieb,[93] hatten ihre Wirkung auf Kästner verfehlt. Ins Kaiserreich hineingeboren, wurde er kein Sohn des Wilhelminismus, sondern – bedingt durch die oben umrissenen Entwicklungsfaktoren – ein entschiedener Gegner aller autoritären Systeme, ein überzeugter Pazifist und Republikaner.

Nach dem Ende des Kriegs hospitierte Kästner am König-Georg-Gymnasium, machte das Abitur nach und bekam für seine außerordentlichen Leistungen das ‚Goldene Stipendium der Stadt Dresden' (das mit zunehmender Inflation freilich immer schmäler wurde). Die Mutter erlaubte ihm zu studieren, und im Herbst 1919 belegte Kästner an der Leipziger Universität Germanistik und Theatergeschichte; nebenbei hörte er noch Philosophie und Geschichte.

Die Leipziger Jahre (1919–1925) erbrachten für Kästner dreierlei: das Studium der deutschen Aufklärungsliteratur, die ersten schriftstellerischen Erfolge und den Beginn der feuilletonistischen Arbeit. Im übrigen waren die sechs Leipziger Jahre, bedingt durch Nachkriegsprobleme und Inflation, für den ‚Werkstudenten' Kästner ein buntes Gemisch aus Studium und Broterwerb. Kästner war als ‚Famulus' für Professor Albert Köster tätig, trug während der Leipziger Messe Plakate durch die Straßen und half an Verkaufsständen aus, arbeitete dann als Buchhalter bei der städtischen Baugesellschaft, bis er schließlich bei einer Zeitung unterkam.

Im Zentrum von Kästners germanistischen Studien bei Albert Köster stand Lessing, in dem Kästner das Exempel eines „Mannes zwischen zwei extremen Epochen" sah.[94] Zeugnis dieser Zwischenstellung war für Kästner Lessings ‚Hamburgische Dramaturgie', über die er eine Dissertation vorbereitete, aus ökonomischen Gründen aber nicht vollenden konnte. 1925 reichte Kästner bei Georg Witkowski eine Dissertation ein, die er im wesentlichen während einer viermonatigen Beurlaubung von der Redaktionsarbeit geschrieben hatte. Das Thema lautete: „Friedrich der Große und die deutsche Literatur. Die Erwiderungen auf seine Schrift ‚De la littérature allemande'". Kästners Arbeit erhielt von den Gutachtern höchstes Lob und wurde 1972 auf Vorschlag von Herbert G. Göpfert erstmals gedruckt[95] – weniger weil sie ein ‚Jugendwerk' eines inzwischen berühmten Literaten war, als vielmehr weil sie auch fünf Jahrzehnte nach ihrem Entstehen noch nicht überholt war.[96]

Nach wie vor bietet Kästners Dissertation den umfassendsten Überblick über die Erwiderungen auf des alten Preußenkönigs geringschätzige Schrift über die deutsche Literatur um 1780. Glaubte doch dieser, obwohl er kaum Notiz vom regen literarischen Leben im Deutschland der Aufklärungszeit genommen hatte, überall nur Mittelmäßigkeit zu sehen, ließ gerade noch Gellerts Fabeln gelten, schmähte aber Goethes ‚Götz von Berlichingen' als „eine abscheuliche Nachahmung" schlechter englischer Stücke und rügte die Geschmacklosigkeit des deutschen Publikums, um dann gnädig einen literarischen Aufschwung für den Fall zu prophezeien, daß sich Fürsten und Höfe der deutschen Dichtung zuwenden würden.[97] Diese ärgerliche Verbindung von Anmaßung und Herablassung stieß bei einigen Zeitgenossen wie bei Kästner auf scharfe Kritik. Kästner nannte die Urteile Friedrichs über die deutsche Literatur ein „Sammelsurium (...) aus frühen Erinnerungen, zufälligen Nichtigkeiten und Voltairescher Shakespearefeindschaft";[98] die Abhandlung insgesamt bezeichnete er als „eine schlecht komponierte Variation" über die im 18. Jahrhundert lang und breit diskutierten Probleme der literarischen Entwicklung in Deutschland.[99] Ihren Nutzen für die literarische Debatte veranschlagte Kästner gering: „(...) denn dazu griff er (Friedrich II.) zu königlich und unerfahren in sie ein".[100] Den Sinn der königlichen Ausführungen über Literatur bezeichnete Kästner im übrigen als „Luxusforderung", ihr Ziel als eine „dekorative Fassadierung des Staatsgebäudes".[101]

Wie gegen die Arroganz des Preußenkönigs wandte sich Kästner dann auch gegen die Ignoranz der Literaturwissenschaft, die zwar Friedrichs Schrift mit einer sachlich ganz ungerechtfertigten „historischen Verständnisseligkeit" behandelt, die Erwiderungsschriften aber „so ungeschichtlich und hastig wie möglich abgetan" hatte.[102]

Demgegenüber referierte und zitierte Kästner die Erwiderungsschriften ausführlich und versuchte, sie historisch einzuordnen und zu würdigen: nicht nur als Antworten auf König Friedrichs Schrift, sondern auch als Ausdruck des literarischen Geschmacks und der geistigen Lage um 1780. Seine Analyse führte zu einer Unterteilung der Antwortschriften in drei Gruppen: Die einen sah Kästner noch vom alten aufklärerischen Denken geprägt, die anderen schon vom Geist der jungen Geniebewegung getragen, einige weitere zwischen diesen Richtungen stehend, eklektizistisch, relativierend, vermittelnd. Gerade den Autoren dieser dritten Gruppe gehörte Kästners Vorliebe, wie er – ein bißchen pathetisch – kundgab: „Wirklich die historische Einfühlung anziehend ist doch das Verhalten und das Urteil der Übergangsnaturen, die in der Vergangenheit nicht mehr und in der Zukunft noch nicht heimisch sind, so daß ihnen die Gegenwart als ein Umherirren zwischen den Zeiten und deren Sinn wird."[103] Dieses besondere Interesse „an der Denkform des Übergangsmenschen", wie es am Schluß der Dissertation heißt,[104] war für Kästner weniger ein historisches als vielmehr ein gegenwartsbezogenes Interesse (auf das er hier nur anhand eines historischen Stoffes reflektierte): Lebte er selbst nicht auch in einer Zeit, die ähnlich wie die Aufklärung mit einem veralteten autoritären System abzurechnen hatte und neue, weniger restriktive Normen entwickeln mußte? Es fehlte damals ja nicht an – berechtigten und aufschlußreichen – Versuchen, die Weimarer Republik als ,,Epoche des ,Übergangs'" zu begreifen.[105] Die dauernde Berufung auf die Aufklärer und zumal auf den ,Bahnbrecher' und ,Kämpfer' Lessing[106] ist signifikant für Kästners Verständnis seiner eigenen Zeit und für die Funktion, die er den Literaten oder der Literatur in dieser Zeit zuschrieb: In einer Epoche der ökonomischen, politischen, intellektuellen und moralischen Verunsicherung war es nach Kästners Ansicht ihre Aufgabe, Aufklärungsarbeit zu leisten und Orientierungsmarken zu suchen, wobei – dies geht aus seiner Dissertation hervor – das Urteil obrigkeitlicher Instanzen kein Kriterium für den Wert und die Gültigkeit der literarischen Bestandsaufnahmen und Zukunftsentwürfe sein durfte.

Nach der Promotion im Jahr 1925 begann Kästners literarischer Aufstieg. Er erhielt bei der ,Neuen Leipziger Zeitung' (zuvor ,Leipziger Tagblatt'), wo er als Student schon hospitiert hatte, eine feste Anstellung mit einem Gehalt von 500 Mark. Aber diese Stelle behielt er nicht lange. 1927 brachte die ,Plauener Volkszeitung' ein etwas respektloses und schlüpfriges Gedicht von Kästner, das eine Kampagne gegen ihn auslöste und schließlich zu seiner Entlassung führte.[107] Daraufhin verließ Kästner als Theaterkritiker zweier Zeitungen und mit monatlich 200 Mark Gehalt ausgestattet Leipzig, ,,um Berlin zu erobern", wie er einmal schrieb,[108] oder, wie er sich ein andermal ausdrückte, ,,um in Berlin das Fürchten zu lernen".[109]

Diese im Rückblick gebrauchte Märchenformel gehört zu Kästners Selbstironie und Understatement, ist jedoch nicht unzutreffend. Kästner hatte sich mit Konkurrenten um Beachtung auf der literarischen Szene zu streiten und mit Berühmtheiten auseinanderzusetzen; mehr oder minder peinliche Begegnungen mit eben kritisierten Autoren waren in den Literatencafés unvermeidlich.[110] Aber wo andere untergingen (Kästner selbst erwähnt in diesem Zusammenhang den Selbstmord des Karikaturisten Eugen Hamm),[111] erlebte Kästner einen geradezu märchenhaften Aufstieg. Seine Gedichte, Essays und Kritiken wurden in renommierten Zeitungen veröffentlicht (Weltbühne, Tagebuch, Vossische Zeitung, Berliner Tageblatt, Montag Morgen, Dresdner Neueste Nachrichten, Prager Tagblatt),[112] und ab 1928 erschienen in enger Folge jene Bücher, die Kästners Namen berühmt machten: die Gedichtbände, das Hör- und Bühnenstück ‚Leben in dieser Zeit', der Roman ‚Fabian', die Kinderbücher ‚Emil und die Detektive', ‚Pünktchen und Anton', ‚Der 35. Mai', ‚Das fliegende Klassenzimmer', die alsbald in andere Sprachen übersetzt und zum Teil verfilmt wurden. Drei Jahre nach seiner Ankunft in Berlin war Kästner ein bekannter Schriftsteller und konnte – wie am deutlichsten aus Walter Benjamins Aufsatz ‚Linke Melancholie' (1931) hervorgeht[113] – als Verkörperung der linksorientierten literarischen Richtung der Neuen Sachlichkeit betrachtet werden.

„Berlin war damals die interessanteste Großstadt der Welt", schrieb Kästner rückblickend,[114] und in der Tat ist das Werk des ‚Asphaltliteraten' Kästner ohne den Hintergrund dieser Großstadt mit ihrem aufgeregten, nervösen Leben undenkbar. Insofern mag Hermann Kestens Feststellung angehen, daß Kästners Gedichtbände „als die Autobiographie einer großstädtischen Seele" gelesen werden können.[115] Kästner schien in Berlin aufzugehen; Reisen nach Paris, nach Moskau und in die üblichen Feriengebiete machten ihm die „geliebte Berliner Tretmühle" immer wieder zur ‚Heimat', bedeutete sie – bis 1933 – doch auch die „Berliner Freiheit".[116] Berlin, so scheint es, ließ vergessen, daß ein ‚progressiver' Schriftsteller wie Kästner am Rande der etablierten Gesellschaft stand. Hatte er in Leipzig die Erfahrung machen müssen, ein ‚outsider' zu sein, so konnte er sich in Berlin – wenigstens vorübergehend – als ‚insider' fühlen (um eine Formel von Peter Gay zu verwenden).[117]

Kästner dürfte in diesen Jahren nicht schlecht verdient haben und lebte, zumal er keine Familie zu ernähren hatte, ohne unmittelbare ökonomische Sorgen. Er war regelmäßiger Gast in den Künstler- und Literatencafés ,Carlton', ,Schwannecke' und ,Café Léon', wo er mit Vorliebe seine Gedichte zu schreiben pflegte; er war in den Kreis der ,Weltbühne'-Autoren um die Verlegerin Edith Jacobsohn und den Herausgeber Carl von Ossietzky integriert, wo er auch Bekanntschaft mit Kurt Tucholsky machte;[118] er gehörte dem Schutzverband Deutscher Schriftsteller an und wurde 1931 in den PEN-Club aufgenommen. Zu Kästners engeren Freunden und Bekannten zählten der Karikaturist Erich Ohser (e. o. plauen), der Zeichner Walter Trier, die ,Weltbühne'-Mitarbeiter Alfred Polgar und Hermann Kesten, der Parodist Robert Neumann (wenn er gerade in Berlin war), daneben einige Journalisten und Filmleute. Engeren Kontakt zu den großen Autoren dieser Epoche scheint Kästner nicht gehabt, zumindest nicht gepflegt zu haben.

Im politischen Spektrum der Weimarer Republik ist Kästner links von der Mitte zu sehen, und Dirk Walter betrachtet Kästners Frühwerk zu Recht „als Beispiel linksbürgerlicher Literatur in der Weimarer Republik": antimilitaristisch und antifaschistisch, kritisch gegenüber der autoritären Struktur der Gesellschaft und gegenüber den ökonomischen Verhältnissen.[119] Die Nähe vieler Vorstellungen Kästners zu sozialistischen Ideen ist nicht von der Hand zu weisen, doch war er völlig undoktrinär und bekannte sich nie zum Marxismus. Auch war für ihn Rußland, wenngleich er die Notwendigkeit der Russischen Revolution einräumte,[120] nie das politische Vorbild. Über seine 1929 mit Erich Ohser unternommene Reise nach Moskau und Leningrad schrieb er 1957: „Wir sahen, was man uns zeigte, und noch ein bißchen mehr. Die Berliner Freiheit und das Leben auf eigene Gefahr waren uns lieber."[121] Dieses nachträgliche Bekenntnis Kästners zur Demokratie der Weimarer Republik wird durch sein Werk aus der Zeit vor 1933 beglaubigt. Auch wenn Kästner keine der Parteien offen unterstützte, auch wenn er in seinen Gedichten gelegentlich über die Volksvertreter im Parlament[122] oder über einen der hilflosen Reichskanzler spottete,[123] so wandte er sich doch – wie der Roman ,Fabian' am deutlichsten zeigt[124] – gegen die extremen Gruppen von rechts und von links, die sich gegenseitig und die Republik gleichermaßen bekämpften.[125]

In einigen Gedichten, die unmittelbar politisch sind, warnte Kästner vor der Gefahr von rechts. Dazu gehören: ‚Das Führerproblem, genetisch betrachtet',[126] ein Gedicht, in dem das Verlangen der Deutschen nach einem Führer 1932 noch ironisch abgehandelt wird; die ebenfalls 1932 publizierten Gedichte ‚Marschliedchen'[127] und ‚Dummheit zu Pferde',[128] bittere Satiren auf den zerstörungslüsternen Militarismus und überheblichen Nationalismus der reaktionären Rechten und einiger Veteranenverbände; das 1930 schon in der ‚Weltbühne' publizierte Gedicht ‚Brief an den Weihnachtsmann',[129] in welchem um Züchtigung der Industriellen, der nicht konsequent handelnden Regierung und des offensichtlich noch nicht ganz ernst genommenen ‚Führers' der NSDAP gebeten wird:

„Und nach München lenk die Schritte,
wo der Hitler wohnen soll.
Hau dem Guten, bitte, bitte,
den Germanenhintern voll!"

Angesichts dieser Verse drängt sich der Verdacht auf, daß Kästner 1930 Hitler als den lächerlichen und leicht zu dämpfenden Wortführer einer anachronistischen Germanentumsideologie unterschätzt habe.[130] Demgegenüber ist jedoch einzuwenden, daß der ‚Brief an den Weihnachtsmann' Hitler eindeutig als eine der großen Gefahren für das deutsche Volk namhaft macht. Einzuräumen ist allenfalls, daß der – in diesem Gedicht durchweg ‚milde' satirische Ton – der wahren Größe der Gefahr unangemessen war und sie möglicherweise verniedlichte. Indessen bleibt zu fragen, ob Satire die NSDAP und ihren Führer wirklich treffen konnte und zur politischen Auseinandersetzung mit dem Faschismus überhaupt taugte. Kästner selbst stellte 1950 fest: „Aber wenigstens eins haben wir im letzten Vierteljahrhundert hinzugelernt: Lächerlichkeit tötet *nicht!*"[131] So wirkt auch das folgende Gedicht, das ebenfalls 1930 in der

‚Weltbühne' erschien und sich gegen die Ideologie des Nationalsozialismus sowie gegen die von der NSDAP ausgehende Massensuggestion wandte, aus heutiger Sicht zumindest unangemessen und hilflos:

„*Ganz rechts zu singen*

Stoßt auf mit hellem hohem Klang!
Nun kommt das Dritte Reich!
Ein Prosit unserm Stimmenfang!
Das war der erste Streich!

Der Wind schlug um. Nun pfeift ein Wind
von griechisch-nordischer Prägung.
Bei Wotans Donner, jetzt beginnt
die Dummheit als Volksbewegung.

(...)

Wir brauchen kein Brot, und nur Eins ist not:
Die nationale Ehre!
Wir brauchen mal wieder den Heldentod
und schwere Maschinengewehre.

Und deshalb müssen die Juden raus!
Sie müssen hinaus in die Ferne.
Wir wollen nicht sterben fürs Ullsteinhaus,
aber für Kirdorf* sehr gerne.

Die deutsche Welle, die wächst heran
als wie ein Eichenbaum.
Und Hitler ist der richtige Mann.
Der schlägt auf der Welle den Schaum.

Der Reichstag ist ein Schweinestall,
wo sich kein Schwein auskennt.
Es braust ein Ruf wie Donnerhall:
Kreuzhimmelparlament!

* Geheimrat Kirdorf war, als Exponent der Schwerindustrie, einer der Finanziers Adolf Hitlers.

Wir brauchen eine Diktatur
viel eher als einen Staat.
Die deutschen Männer kapieren nur,
wenn überhaupt, nach Diktat.

Ihr Mannen, wie man es auch dreht,
wir brauchen zunächst einen Putsch!
Und falls Deutschland daran zugrunde geht,
juvivallera, juvivallera,
dann ist es eben futsch."[132]

Wie auch immer man aus heutiger Sicht und von verschiedenen politischen Standpunkten aus Kästners antifaschistische Gedichte beurteilen will – fest steht, daß Kästner frühzeitig die Gefahr einer Verbindung von NSDAP und Industrie, sowie die Anfälligkeit des Kleinbürgertums für den Nationalsozialismus erkannt hat. Trotzdem scheint es, daß er von der ‚Machtübergabe' an Hitler überrascht war und auch – wie so viele andere Intellektuelle – die Durchsetzungskraft und Dauerhaftigkeit des NS-Regimes falsch einschätzte. Wenigstens schreibt Luiselotte Enderle, die damals schon zu Kästners Freundeskreis gehörte, Kästner habe ein früheres Ende der Diktatur erwartet.[133]

Als in der Nacht vom 27. auf den 28. Januar 1933 der Reichstag abbrannte, als in den Stunden und Tagen danach viele antifaschistische Politiker und Schriftsteller verhaftet wurden oder, sofern sie rechtzeitig untertauchen konnten, die Flucht ins Ausland ergriffen,[134] hielt sich Kästner in Zürich auf.[135] Er beriet mit vielen Flüchtlingen und entschied sich – entgegen allen Warnungen – zur Rückkehr nach Deutschland, weil er es – nach seinen eigenen Worten von 1947 – als die „Pflicht und Schuldigkeit" der Schriftsteller betrachtete, „dem Regime die Stirn zu bieten".[136] Dies war illusorisch, zugleich aber symptomatisch für die tatsächliche Ahnungslosigkeit vieler Nicht- oder Antifaschisten gegenüber ihrer Zukunft unter dem NS-Regime.

Kästner fuhr aus der Schweiz nach Berlin zurück, wurde 1934 und 1937 kurzfristig verhaftet und verhört, tauchte bei befürchteten Verhaftungswellen mehrmals unter, erhielt auch kurz vor dem Zusammenbruch eine Warnung vor einer geplanten Mordaktion der SS,[137] überstand aber das Dritte Reich ohne unmittelbare Lebensgefahr, sofern man nicht sagen will, daß ein Schriftsteller von Kästners Rang, der sich vom Nationalsozialismus distanziert hatte und jede Konzession an das Regime verweigerte, immer in Gefahr schwebte.[138] Freilich: Man versuchte, Kästner – wie viele andere – als potentiellen Kritiker des Regimes auf angeblich legale Weise auszuschalten und seine schriftstellerische Existenz zu zerstören.

Zu den allgemeinen ,Domestizierungsmaßnahmen' des Regimes gegenüber den Schriftstellern gehörte die Auflösung oder ,Gleichschaltung' der Schriftstellerorganisationen.[139] Mißliebige Autoren wurden kurzerhand aus der Mitgliedschaft entlassen und durch Parteigenossen ersetzt, die Satzungen wurden dem Parteiprogramm angepaßt, die Organisationen dem Reichsministerium für Volksaufklärung und Propaganda unterstellt bzw. in faschistische Schriftstellerverbände umgewandelt. Dies geschah auch mit den beiden Organisationen, denen Kästner angehörte, dem deutschen PEN-Club und dem Schutzverband Deutscher Schriftsteller; über die Methoden der nationalsozialistischen Unterwanderung dieser Organisationen schrieb Kästner später einen sarkastischen Bericht.[140]

Die heimlichen und verbandsinternen Unterdrückungsmaßnahmen gegen republikanische und antifaschistische Schriftsteller wurden ergänzt durch öffentliche Verunglimpfungen, die ihren Höhepunkt in der Bücherverbrennung vom 10. Mai 1933 fanden.[141] Man weiß heute, wie genau die spektakuläre Demonstration von den Nazis geplant wurde, um sie möglichst effektvoll zu machen und sie dennoch als spontane Aktion des Volks erscheinen zu lassen. Die Studentenschaften wurden aufgefordert, private und öffentliche Bibliotheken von Büchern mißliebiger Autoren zu ,säubern'. Zur Orientierung wurden entsprechende Listen publiziert, die auch an den Buchhandel verteilt wurden. Die ,beschlagnahmten' Bücher wurden dann am 10. Mai 1933 um 18 Uhr in Universitätsstädten öffentlich verbrannt, wobei nationalsozialistische Studenten, Professoren und Parteifunktionäre Reden hielten. In Berlin glich dieses ‚Auto da fé' nach Zeitungsberichten einem Volksfest. Erich Kästner stand dabei, als Goebbels ausrief: „Gegen Dekadenz und moralischen Zerfall! Für Zucht und Sitte in Familie und Staat! Ich übergebe den Flammen die Schriften von Heinrich Mann, Ernst Glaeser und Erich Kästner!"[142]

Als ‚verbrannter' Autor durfte Kästner, der den „unerwünschten und politisch unzuverlässigen" Schriftstellern zugerechnet wurde,[143] auch nicht schreiben und publizieren – wenigstens nicht innerhalb des Reichs. Die Möglichkeit, im Ausland zu publizieren, behielt Kästner vorerst und nutzte sie auch. Seine Unterhaltungsromane und einige andere Bücher, die verschwindend wenig mit dem zeitkritischen Werk Kästners vor 1933 gemein hatten, erschienen in Schweizer Verlagen. Kästners ökonomische Basis war damit gesichert und ein – freilich enger – Bereich der schriftstellerischen Weiterarbeit offen gehalten. Die Nazi-Regierung mochte Kästners Auslandspublikationen dulden, weil ihr die Devisen willkommen waren und weil sie hoffte, das Erscheinen von Kästners Schriften würde als Indiz für ihre Liberalität gewertet werden.

Darüber hinaus versuchten die Nazis, Kästner unmittelbar vor ihren Wagen zu spannen. So wurde er eines Tages aufgefordert, in der Schweiz eine von den Nazis finanzierte Zeitschrift gegen die Emigranten herauszugeben; Kästner konnte sich diesem infamen Ansinnen entziehen, indem er auf die Unglaubwürdigkeit eines solchen Unternehmens verwies.[144] Später jedoch war Kästner zu einem – allerdings unverfänglicheren – Akt der ‚Kooperation' bereit. Als ihm 1942 aus Filmkreisen (mit Billigung von Goebbels) angeboten wurde, das Drehbuch für einen Jubiläumsfilm zum 25jährigen Bestehen der UFA zu schreiben, sagte Kästner zu und schlug die Verfilmung der Abenteuer des Barons von Münchhausen vor. Das Drehbuch ‚Münchhausen'[145] schrieb er unter dem Pseudonym Berthold Bürger.[146]

‚Münchhausen', seit einigen Jahren wieder in der Originalform im Kino zu sehen,[147] ist ein glänzender, schwungvoller Abenteuerfilm. Er wurde mit höchstem technischen Raffinement hergestellt (um nach Goebbels Wunsch die Hollywood-Produktionen zu übertreffen). In der Hauptrolle brillierte Hans Albers (sonst ebenfals persona non grata), Regie führte der Unterhaltungsroutinier Josef von Baky, ein Freund von Kästner. Für offene regimekritische Äußerungen war selbstverständlich kein Platz, und auch mit verdeckten, indirekten hielt sich Kästner zurück. Die von Luiselotte Enderle zitierte Äußerung Casanovas ,,Die Staatsinquisition hat zehntausend Augen und Arme. Und sie hat die Macht, recht und unrecht zu tun, ganz wie es ihr beliebt", steht vereinzelt[148] (und ist zumindest in der heutigen Fassung des Films ausgespart). Nach zeitgenössischen Berichten jedoch war das Publikum empfindlich genug, in vielen Szenen, wie sie sich etwa im Palast des despotischen Sultans abspielten, eine Satire auf das Regime zu sehen, auch wenn diese heute nur belustigend wirken. Für Kästner endete dieses ,kooperative Zwischenspiel' – trotz aller Zurückhaltung – verdrießlich: Als Hitler erfuhr, daß der ,verbrannte' und verbotene Autor Kästner das Drehbuch für den UFA-Jubiläumsfilm geschrieben hatte, bekam er einen Wutanfall;[149] über Kästner wurde das totale Schreib- und Publikationsverbot verhängt (1942).

Kästner hat später mehrmals versucht, seine Situation im Nazi-Deutschland auf einen Begriff zu bringen. In ,Notabene 45' verwendete er den tragikomischen Vergleich mit einer ,,zappelnden Fliege",[150] und in der ,Schule der Diktatoren' ist davon die Rede, daß es im totalitären Staat nur die Wahl zwischen ,,Mauseloch oder Mausefalle" gibt.[151] Andernorts zitierte Kästner aus Tacitus, um die Barbarei der Bücherverbrennung zu charakterisieren,[152] und sprach von dem ,,Martyrium",[153] welches das Dritte Reich für die verbliebenen antifaschistischen Schriftsteller mit sich brachte: dauernde Selbstzensur (auch im privatesten Bereich), Angst vor Denunziation und Verhaftung, Verlust der Freunde, hilflose Beobachtung des Terrors, Gewissensqualen wegen der Unfähigkeit zum Widerstand.[154] Die vielleicht prägnanteste Beschreibung der Situation eines ‚verbotenen' Autors enthält die folgende Passage, die unmittelbar nach dem Ende des Dritten Reichs geschrieben wurde: „In dem folgenden Jahrdutzend sah ich Bücher von mir nur die wenigen Male, die ich im Ausland war. In Kopenhagen, in Zürich, in London. – Es ist ein merkwürdiges Gefühl, ein verbotener Schriftsteller zu sein und seine Bücher nie mehr in den Regalen und Schaufenstern der Buchläden zu sehen. In keiner Stadt des Vaterlands. Nicht einmal in der Heimatstadt. Nicht einmal zu Weihnachten, wenn die Deutschen durch die verschneiten Straßen eilen, um Geschenke zu besorgen. Zwölf Weihnachten lang! Man ist ein lebender Leichnam."[155]

Was Kästner hier beklagt, ist die für einen Schriftsteller lähmende Erfahrung der Resonanzlosigkeit und des Vergessenwerdens[156] (zumal an Weihnachten, wo seine Kinderbücher vormals beliebte Geschenkartikel waren). Ein Autor, der wie Kästner wöchentlich in Zeitungen publizierte und sich durch eine Reihe eng aufeinanderfolgender Bücher gerade erst öffentlichen Ruhm erworben hatte, mußte das Publikationsverbot auf die Dauer als vernichtend empfinden, als Zerstörung der schriftstellerischen Identität. Symptomatisch für die Krise, in die Kästner dadurch geriet, sind die ‚Briefe an mich selber'[157] aus dem Jahr 1940, in denen sich Kästner der Fiktion eines freundschaftlichen Briefwechsels bediente, um der Gefahr der Selbstentfremdung zu entrinnen und der nunmehr völlig privaten Existenz ohne öffentliche Wirkungsmöglichkeit noch Sinn abzugewinnen.

Gewiß bedeutete es für Kästner eine Erleichterung seines Loses, daß er wenigstens im Ausland publizieren durfte. Aber auch dies war nur möglich unter rigoroser ‚Selbstzensur', unter unfreiwilliger Preisgabe der zeitkritischen Komponente seines schriftstellerischen Ethos und Vermögens. Daß Kästner dadurch nicht die Fähigkeit zum Schreiben insgesamt verlor, dürfte er der Tatsache verdanken, daß er von vornherein neben dem ‚Zeit- und Gesellschaftskritiker' ein ‚Idylliker' und dadurch zum Schreiben von harmlosen Unterhaltungsromanen sozusagen prädisponiert war. Wie unbefriedigend indessen diese Einschränkung war, geht aus den obigen Zitaten deutlich genug hervor.

Warum aber kehrte Kästner nach Deutschland zurück? Warum blieb er dort, obwohl er auch später noch Fluchtmöglichkeiten hatte und im Ausland finanziell besser gestellt gewesen wäre als die meisten Exulanten? Der Suche nach Antworten auf diese Fragen stellte Egon Schwarz, der selber 1938 vor den Nazis fliehen mußte, die Bemerkung voran: „Wir wollen uns nicht des Widersinns schuldig machen, ihm vorzuwerfen, daß er weder auswanderte noch ermordet wurde.“[158] In der Tat kann es nicht um Anschuldigungen gehen; aber es scheint legitim zu sein, nach den Gründen für Kästners Rückkehr zu fragen und die Folgen seines Verbleibens in Deutschland zu bedenken.

Kästner mag, wie er 1947 sagte, bei seiner Rückkehr nach dem Reichstagsbrand tatsächlich an Widerstandsmöglichkeiten geglaubt haben,[159] doch dürfte er diese Selbsttäuschung bald erkannt haben. Ein zweifellos viel wichtigerer – und im übrigen jeder Kritik entzogener – Grund für die Rückkehr und das weitere Verbleiben ist in Kästners enger Mutterbindung zu sehen. Hermann Kesten berichtet von einem Gespräch mit Kästner im März 1933. Kesten war zur Emigration entschlossen und fragte Kästner, was er zu tun gedenke: „Er erwiderte, er wolle bleiben, seiner Mutter wegen, und um Augenzeuge der kommenden Greuel zu sein, er wolle den Roman der Nazidiktatur schreiben, und er wolle dabeigewesen sein, als ihr zukünftiger Ankläger.“[160]

Man wird bezweifeln dürfen, daß dies Kästners Antwort schon 1933 war. Denn viel später noch tat er sich schwer damit, auf entsprechende Fragen heimkehrender Emigranten[161] und amerikanischer ‚Entnazifizierungs‘offiziere[162] eine bündige Antwort zu geben. Wie verdrießlich diese immer wieder vorgebrachte Frage indessen für Kästner war, geht aus dem ungehaltenen Ton seines Epigramms ‚Notwendige Antwort auf überflüssige Fragen‘ hervor:

„Ich bin ein Deutscher aus Dresden in Sachsen.
Mich läßt die Heimat nicht fort.
Ich bin wie ein Baum, der – in Deutschland gewachsen –
wenn's sein muß, in Deutschland verdorrt."[163]

Gegen diesen Vergleich hat Egon Schwarz so lapidar wie treffend eingewandt, ein Mensch sei kein Baum.[164] Mit anderen Worten: Kästners Verbleiben im Nazi-Deutschland war ein bewußter und – so hart dies klingen mag – freiwilliger[165] Verzicht auf die weitere Realisierung einer unverfälschten Existenz und Wirksamkeit als zeitkritischer Schriftsteller. Allerdings ist zu bedenken, daß auch die Emigration einen Bruch in Kästners schriftstellerischer Entwicklung bedeutet hätte, denn wie kaum ein anderer war er in seiner literarischen Produktion vom Berliner Milieu abhängig und auf das geistige und politische Klima der Weimarer Republik angewiesen.

Zu der von Kesten erwähnten ‚Beobachteraufgabe' hat sich Kästner mehrmals selbst geäußert. In der Jugendzeitschrift ‚Pinguin' veröffentlichte er seine Antwort auf die Frage amerikanischer Offiziere, warum er geblieben sei: „Ein Schriftsteller will und muß erleben, wie das Volk, zu dem er gehört, in schlimmen Zeiten sein Schicksal erträgt. Gerade dann ins Ausland zu gehen, rechtfertigt sich nur durch akute Lebensgefahr. Im übrigen ist es seine Berufspflicht, jedes Risiko zu laufen, wenn er dadurch Augenzeuge bleiben und eines Tages schriftlich Zeugnis ablegen kann."[166] Zu fragen bleibt dann allerdings, ob und wie Kästner dieser selbstauferlegten ‚Zeugenpflicht' zu genügen versuchte. Hier ist die Bilanz nicht überzeugend. Die 1956 publizierte Komödie ‚Schule der Diktatoren' (über die noch zu sprechen sein wird) hat unübersehbare Schwächen und kann kaum als Beitrag zur intellektuellen Durchleuchtung oder zur moralischen Bewältigung der Hitler-Diktatur gelten. Daneben finden sich einige – inhaltlich fragwürdige – Epigramme zum Dritten Reich,[167] einige kabarettistische Passagen,[168] einige Essays[169] und zuletzt das 1961 publizierte Tagebuch ‚Notabene 45'.[170]

In ‚Notabene 45' berichtet Kästner aufgrund von Notizen[171] über seine Erfahrungen und Erlebnisse zwischen Februar und August 1945, zwischen Krieg und Frieden. Kästner hielt sich bis Mitte März in Berlin auf und konnte sich dann mit einem Filmtrupp absetzen, unter dem Vorwand, im Zillertal Aufnahmen machen zu müssen. Sein Tagebuch ‚Notabene 45' enthält interessante, zum Teil bedrückende Schilderungen der Zustände in Berlin, wo es kurz vor dem Untergang bisweilen noch „hoch her" ging;[172] hierin wird jene – notwendige – „Brutalität" des Überlebens im Dritten Reich erkennbar, von der Heinrich Böll einmal sprach.[173] Diese Schilderungen sind allerdings auch von Peinlichkeiten nicht ganz frei, wenn z. B. das Thema der Vergewaltigungen von Frauen durch Soldaten in einem fast schlüpfrigen Ton abgehandelt wird.[174] Dann folgen Aufzeichnungen über die Flucht aus Berlin und über die Schwierigkeiten der Berlinflüchtlinge, sich in den deutsch-österreichischen Alpengebieten bis zum Kriegsende durchzuschlagen und eine neue Bleibe zu finden. Diese Schwierigkeiten waren gewiß nicht unbeträchtlich, doch wirkt der verbale Aufwand, mit dem sie in ‚Notabene 45' geschildert werden, manchmal etwas übertrieben.

Indessen ist ‚Notabene 45' aufschlußreich für Kästners Anspruch, Beobachter und Zeuge des Dritten Reichs gewesen zu sein. Nach eigenen Worten führte er 1941, 1943 und 1945 für jeweils etwa sechs Monate Tagebuch: „Warum ich die Arbeit, noch dazu dreimal, nach kurzer Zeit wieder abbrach, weiß ich heute nicht mehr. Außer allerlei nicht mehr auffindbaren Gründen dürfte mitgespielt haben, daß der Alltag auch im Krieg und unterm Terror, trotz schwarzer Sensationen, eine langweilige Affäre ist. Es ist schon mühsam genug, ihn hinzunehmen und zu überdauern. Auch noch, Jahr um Jahr, sein pünktlicher Buchhalter zu sein, überstieg meine Geduld. Ich begnügte mich mit Stichproben."[175] Der Heroismus des Beobachtens hielt also nicht lange vor, und es scheint sogar, daß Kästner unangenehmen Erkenntnissen und Erfahrungen möglichst aus dem Weg ging. Jedenfalls wahrte er Schweigen darüber, obwohl er nach

1945 mehrmals die Notwendigkeit einer genauen Berichterstattung über das Dritte Reich,[176] insbesondere über das „Verhalten des Durchschnittsbürgers" und seine psychische Deformierbarkeit betonte.[177] Ähnliches hatte er wohl als seine Aufgabe betrachtet, und pathetisch genug heißt es in ‚Notabene 45':
„‚Zündstoff fürs eigene Gedächtnis' sollten die Notizen sein, Material für ein bengalisches Feuerwerk, das ich eines Tages abbrennen würde, ein höllisches Feuerwerk, weithin und lange sichtbar, mit Donnerschlägen und blutigen Zeichen am Himmel und dem aufs Rad, aufs kreisende Flammenrad geflochtenen Menschen. Mit anderen Worten, ich dachte an einen großen Roman. Aber ich habe ihn nicht geschrieben."[178]

Die Begründung dafür folgt unmittelbar, bleibt jedoch – trotz ihrer subjektiven Offenheit – fragwürdig: „Ich kapitulierte aus zwei Gründen. Ich merkte, daß ich es nicht konnte. Und ich merkte, daß ich's nicht wollte. (...) An meinem Unvermögen, den Roman der Jahre 1933 bis 1945 zu schreiben, zweifelte ich sehr viel früher als an der Möglichkeit, daß er überhaupt zu schreiben sei. Doch auch diesen grundsätzlichen Zweifel hege ich nicht erst seit gestern.

Das Tausendjährige Reich hat nicht das Zeug zum großen Roman. Es taugt nicht zur großen Form, weder für eine ‚Comédie humaine' noch für eine ‚Comédie inhumaine'. Man kann eine zwölf Jahre lang anschwellende Millionenliste von Opfern und Henkern architektonisch nicht gliedern. Man kann Statistik nicht komponieren. Wer es unternähme, brächte keinen großen Roman zustande, sondern ein unter künstlerischen Gesichtspunkten angeordnetes, also deformiertes blutiges Adreßbuch, voll erfundener Adressen und falscher Namen.

Meine Skepsis gilt dem umfassenden Versuch, dem kolossalen Zeitgemälde, nicht dem epischen oder dramatischen Segment, den kleinen Bildern aus dem großen Bild. Sie sind möglich, und es gibt sie. Doch auch hier steht Kunst, die sich breitmacht, dem Ziel im Weg. Das Ziel liegt hinter unserem Rükken, wie Sodom und Gomorrha, als Lots Weib sich umwandte. Wir müssen zurückblicken, ohne zu erstarren. Wir müssen der

Vergangenheit ins Gesicht sehen. Es ist ein Medusengesicht, und wir sind ein vergeßliches Volk. Kunst? Medusen schminkt man nicht."[179]

Kästners Eingeständnis, zu einem „großen Roman" über das Dritte Reich nicht fähig gewesen zu sein, muß respektiert werden; seinen Zweifeln an der Darstellbarkeit der NS-Greuel soll nicht leichtfertig widersprochen werden, doch ist anzumerken, daß es vielerlei Darstellungen auch der gräßlichsten Ereignisse und Zustände des Dritten Reichs gibt,[180] die für die Auseinandersetzung mit dem Dritten Reich unverzichtbar sind und dafür in jedem Fall mehr leisten als Kästners Zurückhaltung oder seine ins Zeitlose gewendete ‚Schule der Diktatoren'. Der verbale und argumentative Aufwand in Kästners Erklärung, die Benennung fast hypertropher Ziele („bengalisches" und „höllisches Feuerwerk" mit „Donnerschlägen und blutigen Zeichen am Himmel", „kolossales Zeitgemälde") und danach das Zurückweichen vor dem übergroßen, mit mythischen Schrekkenszügen versehenen und deswegen künstlerisch nicht mehr faßbaren Gegenstand legen den Verdacht nahe, daß hier Verdrängung im Spiel war – nicht nur der Greuel der NS-Zeit, sondern auch der uneingelösten Zielsetzungen, mit denen Kästner seine Rückkehr und sein Verbleiben im Nazi-Deutschland gerechtfertigt hatte. Kästner blieb hinter seinen subjektiven Ansprüchen und Erwartungen zurück, und auch objektiv ist das, was er über das Dritte Reich zu sagen wußte, letztlich enttäuschend wenig. Insofern können die zwölf Jahre der Existenz als ‚verbotener' Autor wohl als verlorene Jahre für den Schriftsteller und Moralisten bezeichnet werden.

Die Frage nach Kästners Verbleiben im Nazi-Deutschland wurde neuerdings durch Fritz J. Raddatz wieder aufgeworfen. Raddatz setzte sich in einem ‚ZEIT-Dossier' mit dem Beginn der deutschen Nachkriegsliteratur auseinander und spielte dabei auch auf das Verhalten von Kästner im Dritten Reich an: „Man trank gewiß auch mal Champagner (...) Erich Kästner saß beim Whisky, machte Filme, lebte auch im Hellen angenehm – wo war sein Entdecker, Förderer? Der [gemeint ist

Tucholsky] lag unter einer Granitplatte in Schweden, er hatte den ,Wendriner unter der Diktatur' geschrieben und auch, daß er jeden, aber auch jeden verachtete, der ,das da' mitmache, sich arrangiere (...)."[181] In einer der folgenden Ausgaben der ,ZEIT' fügte Raddatz zur Erklärung und Legitimierung seiner Attacke hinzu: „Soll ich von nächtelangen, qualvollen Gesprächen mit Erich Kästner berichten, in denen es ihn förmlich würgte in der Verzweiflung, falsch gelebt zu haben, in denen er mich nahezu anflehte, die DDR – in der ich gerade eine Kästner-Ausgabe vorbereitete – zu verlassen; ,Machen Sie sich nicht auch schuldig?' Ich lasse mich gerne einen Plagiator nennen, wenn ich zugebe, daß meine Metapher für Wohlleben ,Man trank gewiß auch mal Champagner' von Kästner selbst stammt. ,Und wir tanzten Tango ...', sagte er traurig. Ich habe diesen Satz nie vergessen."[182] Die Echtheit der von Kästner überlieferten Äußerungen soll trotz der kleinen Vorbehalte („förmlich", „nahezu") nicht in Zweifel gezogen werden, wenngleich sich in Kästners Werk keine so entschiedene Distanzierung von seinem Verbleiben im Nazi-Deutschland finden läßt (von ,arrangieren' zu sprechen, scheint mir nicht gerechtfertigt zu sein). Im übrigen bemerkte der 1933 emigrierte Walter Fabian in einer Fernsehsendung, Kästner habe immer das Beobachter-Argument geltend gemacht und die von Raddatz erwähnten Gespräche hätten wohl in einer der vielen Depressionsphasen, die Kästner in seinen letzten Jahren durchzustehen hatte, stattgefunden.[183]

Wurde oben kritisch angemerkt, daß Kästners literarische ,Reaktion' auf das Dritte Reich trotz – oder gerade auch wegen – seiner dezidierten Beobachterabsichten enttäuschend ausfiel, so ist nun einzuräumen, daß sich Kästner nach der Erfahrung des Weltkriegs und der Nazi-Diktatur ganz für den Aufbau einer friedlichen Welt und einer Demokratie in Deutschland einsetzte.[184] Zusammen mit Brecht u. a. unterzeichnete er 1947 einen Aufruf zur Beendigung des Kalten Kriegs und der globalen Konfrontation zwischen Ost und West.[185] Vom Herbst 1945 bis zum Frühjahr 1947 leitete Kästner die Feuilletonredaktion der ‚Neuen Zeitung' , die in München von Hans Habe im Auftrag der Amerikaner als Millionenblatt für die Westzonen herausgegeben wurde.[186] Zudem wurde Kästner Herausgeber der Jugendzeitschrift ‚Pinguin', die von 1946 bis 1949 bei Rowohlt in Stuttgart erschien.[187] Daß Kästner während der gleichzeitigen Aufbauphase beider Zeitungen hart zu arbeiten hatte, steht außer Frage. Mangelte es doch an guten und durch das Dritte Reich nicht kompromittierten Mitarbeitern[188] ebenso wie an Archiven, Büchern und Papier.[189] Kästner unterzog sich dieser Organisations- und Redaktionsarbeit in der Überzeugung, dadurch Wichtigeres für die ‚Bewältigung' des Dritten Reichs und für das Aufkommen neuer Werte und einer demokratischen Gesinnung zu leisten als etwa durch die Fortführung oder Komplettierung des eigenen literarischen Werks: „Warum rackere ich mich ab (...)? Wer jetzt an seine Gesammelten Werke denkt statt ans tägliche Pensum, soll es mit seinem Gewissen ausmachen. Wer jetzt Luftschlösser baut, statt Schutt wegzuräumen, gehört vom Schicksal übers Knie gelegt."[190] Auch diese Bemerkung von 1946 ist wohl im Zusammenhang von Kästners Kapitulation vor einem „großen Roman" über das Dritte Reich zu sehen; zugleich aber ist sie – auch in ihrer Ablehnung eines ‚selbstbezogenen' literarischen Schaffens – symptomatisch für Kästners neu erwachten pädagogischen Trieb (nicht zufällig findet sie sich in der Jugendzeitschrift ‚Pinguin').

Das tägliche Pensum bedeutete für Kästner nicht nur, die praktische Redaktionsarbeit zu erledigen, sondern auch zu den dringlichen Fragen der Zeit unmittelbar Stellung zu nehmen, und dies in Formen, die rasch ein relativ breites Publikum erreichten: in seinen aufklärerischen Essays für Zeitungen und in seinen zeitkritischen Kabarettszenen. Kästner hatte hierfür den Vorteil, an seine Arbeitsweise aus der Zeit vor 1933 anknüpfen zu können und hinsichtlich seiner politischen Anschauungen von der Geschichte – auf schreckliche Weise – ins Recht gesetzt worden zu sein. Diesen ‚Vorteil' versuchte Kästner zu nutzen, ohne rechthaberisch zu werden: „Die weiße Weste soll für uns keine Ordenstracht sein und auch keine neue Parteiuniform, sondern eine Selbstverständlichkeit",[191] so schrieb er im Oktober 1945, um jedem Pharisäertum vorzubeugen.

Nach dem Ende des Kriegs war München für Künstler und Schriftsteller, die sich in Deutschland aufhielten, zum Treffpunkt geworden. Für Kästner – wie für viele andere – wurde diese Stadt mit ihren vielfältigen kulturellen Traditionen und Einrichtungen zunächst zu einem ‚Ersatz' für Berlin und zu einem neuen Tätigkeitsfeld, schließlich zur Heimat.[192] Kästner blieb für immer in München, erwarb ein Haus im Münchener Herzogpark, nahm rege am literarischen und gesellschaftlichen Leben teil[193] und schrieb – wie einst in Berlin – mit Vorliebe in kleinen Bars und Cafés.[194] Neben den Essays und Kabarettszenen entstanden das Bilderbuch ‚Die Konferenz der Tiere' (1949), der Kinderroman ‚Das doppelte Lottchen' (1949), das Drama ‚Die Schule der Diktatoren' (1957), das Tagebuch ‚Notabene 45' (1961), der Kinderroman ‚Der Kleine Mann' (1963), dazwischen immer wieder Gedichte und Epigramme. Das Oeuvre komplettierte sich, und obwohl Kästner nicht für ‚Gesammelte Werke' hatte schreiben wollen, gab es auch diese: 1959 die ‚Gesammelten Schriften' in sieben Bänden, 1969 die ‚Gesammelten Schriften für Erwachsene' in acht Bänden.

Für die Beurteilung von Kästners literarischem Werk nach 1945 ist zu berücksichtigen, daß seine Ausgangsposition ihre besondere Problematik hatte: Ein ‚verbotener' Schriftsteller wurde, wie Kästner feststellen mußte, allmählich auch ein vergessener.[195] Und was konnte der Kästner der Weimarer Republik, der ‚verspätete Sohn' einer inzwischen längst nicht mehr glaubhaften Aufklärung, dem Nachkriegspublikum bedeuten? Alfred Andersch, für kurze Zeit Kästners Redaktionsassistent bei der ‚Neuen Zeitung', konstatierte die Differenz zwischen Kästners ‚Angebot' und den Erwartungen der jüngeren Generationen mit der lapidaren Bemerkung: „Ich sprach von Sartre, während er von Lessing sprach. Ich würde eine ganz andere Zeitung machen, als es die seine war."[196] Auch wenn es bald nach Kriegsende einen ‚Kästner-Abend' im Rundfunk gab[197] und schon 1946 die Gedichtauswahl ‚Bei Durchsicht meiner Bücher' erscheinen konnte – mit der ‚Reaktivierung' seines früheren Werks durfte sich Kästner nicht begnügen. Vielmehr mußte er versuchen, sich einen Namen als ‚Nachkriegsautor' zu verschaffen, und dabei war – wie z. B. aus dem Vorwort zum ‚Fabian' von 1950 zu ersehen ist[198] – sein früheres Renommee nur bedingt eine Hilfe. Nichts ist bezeichnender für die Schwierigkeit dieses ‚Neuanfangs', als daß Kästner sein erstes Theaterstück ‚Zu treuen Händen' (verfaßt 1943) 1948 unter einem Pseudonym (Melchior Kurtz) erscheinen ließ.

Die zwölfjährige Unterbrechung seiner schriftstellerischen Entwicklung, sowie nach 1945 die plötzliche Konfrontation mit vordem unbekannter ausländischer Literatur[199] und mit einem neuen Publikum[200] führten bei Kästner offensichtlich zu einer gewissen Verunsicherung über sich selbst, über die Qualität und den Stellenwert seines literarischen Schaffens. In jenem launigen und humorvollen Versuch einer Selbstanalyse, der den Titel ‚Kästner über Kästner' trägt, heißt es 1952: „Kästner war von den nationalen und internationalen Konkurrenzen zu lange ausgeschaltet, als daß man über seine derzeitige Form genau Bescheid wissen könnte."[201] Und kurz danach räumt der Autor selbst ein, daß es schwierig sei, einen gemeinsamen Nenner für die vielen Formen und Inhalte seines Werks zu finden.[202]

Festzustellen ist jedoch, daß diese Vielfalt aus dem Bemühen Kästners resultiert, sein literarisches Werk nach 1945 wieder mehrgleisig fortzuführen. Wie in den Jahren vor 1933 erschienen zeit- und gesellschaftskritische Schriften, die sich an erwachsene Leser wandten, neben Schriften, die für Jugendliche und Kinder bestimmt waren. Vielleicht noch deutlicher als vor 1933 waren diese beiden Ausprägungen von Kästners Werk zusammengehalten durch die in beiden sich äußernde moralistische Einstellung und Wirkungsabsicht des Autors. Beispielhaft dafür ist der Kinderroman ‚Das doppelte Lottchen' mit seinen ‚Nachdenkereien', die nach jedem Kapitel eingefügt sind, und mit seinen mehrfach anklingenden Appellen auch an erwachsene Leser.

Wie vor 1933 war Kästners Werk auch nach 1945 eingespannt zwischen die Pole ‚Gesellschaftskritik' und ‚Idyllensehnsucht'.[203] Deutlicher jedoch als zuvor trat der humoristische Zug seines Wesens und Schaffens in den Vordergrund. Dafür wurden schon im ersten Kapitel einige Gründe genannt, etwa das mit dem Alter zunehmende Harmoniebedürfnis Kästners und seine Resignation gegenüber den immer gleichen menschlichen und gesellschaftlichen Mängeln. Auch in der Entwicklung der Bundesrepublik glaubte er die Restauration von gesellschaftlichen Strukturen, staatlichen Machtinstitutionen und politischen Verhaltensweisen zu sehen, die er – vergeblich, wie es ihm nun scheinen mußte – zeitlebens bekämpft hatte. Das einschneidende Ereignis war für Kästner wohl die Wiederaufrüstung (1955), vor der er immer wieder gewarnt hatte.[204] Die weitere Entwicklung Deutschlands betrachtete er, wenn Luiselotte Enderles Beobachtung zutrifft, als Marsch in eine Sackgasse ohne Umkehrmöglichkeiten.[205]

In gewisser Weise war Kästner nach 1945 einer der Repräsentanten des ‚anderen' Deutschland, d. h. jener Intellektuellen, die 1933 weder emigriert waren, noch sich hatten kompromittieren lassen. Auch dies fand nun öffentliche Anerkennung: 1951 wurde Kästner Präsident des Deutschen PEN-Zentrums (West); Literaturpreise folgten: 1957 erhielt Kästner den Büchner-Preis der Stadt Darmstadt, 1960 die Hans-Christian Andersen-Medaille des Internationalen Kuratoriums für das Jugendbuch, 1968 den Literaturpreis der deutschen Freimaurer und den Lessing-Ring des Freimaurerbunds; zum 65. Geburtstag veranstaltete das Goethe-Institut 1964 eine Kästner-Ausstellung; Schulen und Straßen wurden nach ihm benannt – aber dies konnte nur eine unzulängliche Entschädigung sein für die tragische Unterbrechung seiner schriftstellerischen Laufbahn im Jahr 1933.

Kästner war nie verheiratet; von einer Freundin hatte er einen Sohn.[206]

Erich Kästner starb am 29. Juli 1974 an Speiseröhrenkrebs.[207]

III. Die Gedichte: Gebrauchslyrik

Kästners Beliebtheit beruht vor allem auf seinen Gedichten, und man kann – etwas überspitzt – sagen, daß seine schriftstellerische Karriere durch den ‚Erfolg' eines seiner frühen Gedichte eröffnet wurde. 1927 nämlich, im Jahr von Beethovens 100. Todestag, erschien in der ‚Plauener Volkszeitung' Kästners Gedicht ‚Nachtgesang eines Kammervirtuosen', das von einem Konkurrenzblatt zum Skandalon emporgespielt wurde und dadurch Anlaß gab für Kästners fristlose Entlassung aus der Redaktion der ‚Neuen Leipziger Zeitung'.[208]

„*Nachtgesang des Kammervirtuosen*

Du meine Neunte letzte Sinfonie!
Wenn du das Hemd* anhast mit rosa Streifen ...
Komm wie ein Cello zwischen meine Knie,
und laß mich zart in deine Seiten greifen!

Laß mich in deinen Partituren blättern.
(Sie sind voll Händel, Graun und Tremolo.)
Ich möchte dich in alle Winde schmettern,
du meiner Sehnsucht dreigestrichnes Oh!

Komm, laß uns durch Oktavengänge schreiten!
(Das Furioso, bitte, noch einmal!)
Darf ich dich mit der linken Hand begleiten?
Doch beim Crescendo etwas mehr Pedal!

Oh deine Klangfigur! Oh die Akkorde!
Und der Synkopen rhythmischer Kontrast!
Nun senkst du deine Lider ohne Worte ...
Sag einen Ton, falls du noch Töne hast!

* Anmerkung: In besonders vornehmer Gesellschaft ersetze man das Wort ‚Hemd' durch das Wort ‚Kleid'".[209]

Dieser ‚Nachtgesang' läßt einige Stilmerkmale und Tendenzen von Kästners Lyrik allgemein erkennen, so z. B. die Mehrdeutigkeit und Hintersinnigkeit seiner Sprache, die raffinierte Montage von Namen und Begriffen, die geschickten Übergänge von einer Sinnebene zur andern, die Freude an Ulk und Schabernack, das Auskosten schlüpfrig-erotischer Momente, die Respektlosigkeit vor hehren Namen und Objekten kultureller Verehrung, schließlich auch die – hier durch die Anmerkung bekundete – Neigung zur Sozialsatire. Bei all dem ist das Gedicht ‚Nachtgesang' weder als Inbegriff von Kästners Lyrik zu betrachten, noch ist es unter die Zahl seiner besten Gedichte zu rechnen. Die schon genannten Folgen dieses ‚Nachtgesangs' lassen aber ansichtig werden, was Kästners Gedichte zum Zeitpunkt ihres Erscheinens waren oder zumindest sein konnten: störende Mißtöne in einer angestrengt harmonisch sein wollenden kulturellen Atmosphäre, provokative Ausfälle gegen die steife Gesetztheit und gegen die prüde Verkrustung bürgerlichen Denkens, ein vielfältiges Ärgernis für das ideologische Wohlbefinden des auf Wohlanständigkeit erpichten und um Zucht und Ordnung besorgten Bildungsbürgertums. Die hysterischen Reaktionen auf den ‚Nachtgesang' müssen für Kästner ein Indiz gewesen sein für den provokatorischen Wert seiner Gedichte und für das, was er oft die „Satisfaktionsfähigkeit des Worts"[210] nannte: das Ernstgenommen-Werden der Dichtung, das sich in öffentlichen und privaten Maßnahmen gegen die Autoren am deutlichsten spiegelte.

Die Entlassung Kästners war ja nur eine erste Sanktion gegen ihn; andere folgten, und die Empörung über seine liberale Sexualmoral (wie man sie im ‚Nachtgesang' zu erkennen glaubte) und über seine manchmal frivole Ausdrucksweise artikulierte sich in einer öffentlichen Proskription: In einem ‚Weckruf an die berufenen Hüter des Glaubens, der deutschen Sitte und der deutschen Seele', der im Januar 1928 von einem ‚Frauenkampfbund' verschickt wurde und die Forderung nach einer strengeren Zensur erhielt, war Kästner neben Polgar, Tucholsky und Klabund unter der Rubrik „Schmutzsonderklasse" aufgeführt.[211] Kästner reagierte darauf mit einem ebenso betitelten Aufsatz in der ‚Weltbühne',[212] der zum einen die als „Kulturbolschewisten und Libertins" angeprangerten Autoren sowie ihre Zeitungen verteidigte und der zum andern eine schneidende Satire enthielt gegen die Prüderie und gegen die anachronistischen Tabuisierungsforderungen der Frauenbünde: „Die Offiziersfrauen und die Pfarrerstöchter sind klar zum Gefecht, und die Frau Vereinsmeier wetzt das Küchenmesser. Die Literatur soll ein Glied kürzer gemacht werden. Die Schriftsteller des 20. Jahrhunderts sollen Sopran singen. Pfui, meine Herren Damen!"[213]

Freilich: Auch unter minder zart besaiteten Lesern und unter weniger rigide urteilenden Kritikern sind Kästners erotische Gedichte, die eine wichtige Gruppe seines lyrischen Werks ausmachen, nicht unumstritten. Der oft frivole, bisweilen auch derbe Ton und insbesondere die zwischen mehreren Sinnebenen angesiedelte Ausdrucksweise scheinen Mißverständnisse hervorzurufen und Ablehnung herauszufordern. Ein Beispiel dafür bietet das Gedicht ‚Moralische Anatomie', das 1928 in Kästners erstem Gedichtband ‚Herz auf Taille' erschien und von Kästner selbst – sicher nicht unbedacht – 1971 an die erste Stelle seiner Taschenbuchauswahl ‚Wer nicht hören will, muß lesen' gesetzt wurde:

„*Moralische Anatomie*

Da hat mir kürzlich und mitten im Bett
eine Studentin der Jurisprudenz erklärt:
Jungfernschaft sei, möglicherweise, ganz nett,
besäß aber kaum noch Sammlerwert.

Ich weiß natürlich, daß sie nicht log.
Weder als sie das sagte,
noch als sie sich kenntnisreich rückwärtsbog
und nach meinem Befinden fragte.

Sie hatte nur Angst vor dem Kind.
Manchmal besucht sie mich noch.

An der Stelle, wo andre moralisch sind,
da ist bei ihr ein Loch ..."[214]

Dazu schreibt Dirk Walter, der wohl beste Kenner von Kästners Lyrik: ,,Es gibt weder Anhaltspunkte noch Gründe, das lyrische Ich von dem Kästners zu trennen. Winkelmann hat die Wertung des Autors getroffen und übernommen, wenn er die Jurastudentin als ,degraded creature' abqualifiziert.[215] Es entgeht ihm nur, daß der Sprecher das Objekt seiner Kritik zugleich nutzt, um das eigene Renommee zu steigern".[216] Gegenüber all dem sind indessen Zweifel angebracht. Nichts zwingt etwa zu der Annahme, daß hinter dem lyrischen Ich Erich Kästner mit seinen spezifischen Normvorstellungen zu sehen sei, daß es sich um ein autobiographisches Bekenntnis handle; das ,,Ich" in diesem Gedicht ist prinzipiell nicht anders zu sehen als das ,,Ich" im Gedicht ,Ansprache einer Bardame',[217] wo schon Geschlecht und Beruf eine simple Gleichsetzung von sprechendem Ich (Bardame) und dem Autor Kästner unmöglich machen würden. Zwischen dem sprechenden Ich eines Gedichts und seinem Autor ist prinzipiell ein Unterschied zu machen, und korrekterweise ist bei Walter gegen Ende des zitierten Abschnitts auch nur noch vom ,,Sprecher" die Rede. Diesen mit Erich Kästner zu identifizieren, geht nicht an. Im Gegenteil muß der auffallend kühle Ton des Gedichts als Indiz für eine entschiedene Distanz zwischen dem sprechenden Ich und dem Verfasser gewertet werden, als Anzeichen für ein rollenhaftes Aussprechen von zeitüblichen Erfahrungen, wie es ja in Kästners lyrischem Werk nicht selten zu finden ist.

Aber wie immer man sich in dieser Frage entscheiden mag, von einer Verurteilung der vorgestellten Jurastudentin und von einem Renommieren des Autors auf deren Kosten kann wohl kaum die Rede sein. Gewiß erscheint die Jurastudentin durch ihre despektierliche Redensart, durch ihre ,,kenntnisreiche" Handlungsweise, durch ihr gleichsam professionelles Fragen nach dem Befinden des Partners und durch ihre ,,Angst vor dem Kind" als eine jener emanzipierten Frauen, die über den

Umfang ihrer sexuellen Aktivitäten selbst bestimmten und sich zu ihren Erfahrungen und Interessen bekannten (daß als Exempel dafür eine Akademikerin figuriert, zudem mit einem Fach, dem üblicherweise besonderer Rationalismus zugeschrieben wird, ist soziologisch und poetisch gleichermaßen plausibel). Aber zeigt sich ihr Partner durch ihr Verhalten unangenehm berührt, oder ist er durch ihre Offenheit schockiert? Der einzige Vers, der eine unmittelbare Auskunft gibt über die gefühlsmäßige Einstellung des Sprechers zu der freizügigen Jurastudentin, besagt, daß er ihren Besuch noch immer empfängt, ist mithin ein Signal dafür, daß er ihre Verhaltensweise nach wie vor akzeptiert. Zwar folgen dann zwei Schlußverse, die beim ersten Anblick als eine moralische Verurteilung verstanden werden könnten, als krasse und abwertende Beschreibung einer ganz auf das Körperliche reduzierten Sexualität. Aber genau dies ist der Ort, jene sprachliche Doppelschichtigkeit zu berücksichtigen, die sich schon im Titel des Gedichts abzeichnet: ‚Moralische Anatomie'. Mit diesem Titel ist – nun in der Tat vom Autor – die Perspektive für die Deutung vorgegeben. Beim letzten Wort des Gedichts handelt es sich demnach keinesfalls um eine bloß anatomisch zu verstehende Anspielung, die allerdings nicht mehr wäre als ein schlechter Herrenwitz, sondern um eine – freilich gewagt und mißverständlich formulierte – Benennung der moralischen Veranlagung dieser Jurastudentin, die eben die übliche Moral verloren oder überwunden hat. Die Wahl zwischen ‚verloren' und ‚überwunden' bleibt dem Betrachter überlassen, der im übrigen vom Sprecher des Gedichts nicht direkt beeinflußt wird, allenfalls indirekt: positiv vielleicht durch das Sympathiesignal der fortdauernden Beziehung, negativ möglicherweise durch das verwendete Vokabular.

Betrachtet man Kästners Gedichte, die sich mit dem Thema Sexualität befassen, insgesamt, so ist freilich nicht zu leugnen, daß in ihnen jener Typus von Frau, der die herkömmliche Sexualmoral völlig abgestreift hatte und auf unkonventionelle Weise gegenüber Männern die Initiative ergriff, Gegenstand der Kritik und der Satire ist. Zu Recht hat Dirk Walter herausgestellt, daß „die Konstellation ‚aggressive' Frau / passiver, bedrängter Mann ein stereotypes Konstrukt ist" und nicht nur in Kästners Gedichten, sondern auch im Roman ‚Fabian' vorkommt.[218] Er hat überdies darauf hingewiesen, daß dieses Stereotyp in der Literatur der Zwanziger Jahre eine Reaktion ist auf das ‚Überangebot' an Frauen in den Jahren nach dem Ersten Weltkrieg.[219] Ob man daraus folgern kann, daß Kästner „die sexuellen Ansprüche der Frauen durchweg als ungerechtfertigte, luxuriöse Ansprüche" denunzierte, um ihre Ausbruchsversuche aus der konventionellen Passivität abzublocken,[220] bleibt dennoch zu fragen. Das Gedicht ‚Moralische Anatomie' kann sozusagen als Toleranzerklärung für ein solches Verhalten gelesen werden, und es zeigt unmißverständlich, daß der Autor nicht völlig im traditionellen Rollendenken aufging. Auch im Gedicht ‚Konferenz am Bett' zeigt sich der Sprecher nur irritiert von der offenkundigen Verführungsabsicht einer Dame, aber keineswegs verstört oder verärgert.[221] In den übrigen Gedichten, die zu diesem Thema noch in Frage kommen, scheint weniger die „erotische Aktionslust" der Frauen als solche kritisiert zu werden als vielmehr die Aufdringlichkeit, deren sie sich manchmal bedient,[222] die Hemmungslosigkeit, mit der sie sich auf lasziven Ballfesten äußert[223] und die Rücksichtslosigkeit, mit der sie sich über familiäre Bindungen hinweggesetzt und zum negativen Vorbild schon für die eigenen Kinder wird.[244]

Befangen scheint Kästner in der zeitüblichen Ächtung der Homosexualität gewesen zu sein. Zwar ist aus dem Gedicht ‚Ragout fin de siècle'[225] mit seiner drastischen Schilderung des Treibens in einem Homosexuellenlokal nicht klar zu ersehen, ob sich der Sprecher prinzipiell über Homosexualität als „Perversion" entrüstet oder nur über deren exzessive und mit einem bohemehaften Anspruch auf Genialität verbundene Zurschaustellung in „gewissen Lokalen", wie es im Untertitel heißt; auf keinen Fall aber war dieses Gedicht dazu geeignet, auf eine vorurteilsfreie Beurteilung der Homosexualität hinzuwirken, redete vielmehr durch seine Vulgarität der weiteren Stigmatisierung homosexuell veranlagter Menschen das Wort.

Trotz solcher Fragwürdigkeiten ist daran festzuhalten, daß sich Kästner – wie am besten Dirk Walter herausgearbeitet hat[226] – in einigen Gedichten und in anderen Schriften[227] für eine Überwindung der repressiven Wilhelminischen Sexualmoral einsetzte, daß er die sexuellen Bedürfnisse der ‚möblierten Herren'[228] und der ‚nicht mehr jungfräulichen Tippfräulein'[229] couragiert sowie in einem um Verständnis werbenden Ton benannte und mithin für die Enttabuisierung der Promiskuität eintrat. Zugleich werden in den einschlägigen Gedichten aber auch die Deformierungen und Ängste einer solchen Liebe aufgedeckt: die geschäftsmäßige Routiniertheit bei den einen[230] und die Angst vor der Enttäuschung bei den andern,[231] mehrmals auch die Furcht vor Schwangerschaft und Abtreibung.[232] Kästners Gedichte sind keineswegs nur eine ganz unbekümmerte Werbung für sexuelle Libertinage, lassen vielmehr auch – ähnlich wie der Roman ‚Fabian' – die (zwischen)menschliche Problematik von vor- oder außerehelichen Liebesbeziehungen erkennen. Manche Verse mögen bloß frivol sein und einige wenige auf dem Niveau des Herrenwitzes bleiben – insgesamt aber sind Kästners erotische Gedichte der Beitrag eines Moralisten zur Emanzipation von Prüderie und falschen, ja inhumanen Sittlichkeitsvorstellungen. Solchermaßen bilden sie einen wichtigen und keinesfalls zu vernachlässigenden Bestandteil seiner zeit- und gesellschaftskritischen Gedichte.

Der enge Zusammenhang zwischen der Gruppe der erotischen und der Gruppe der gesellschaftskritischen Gedichte wird – auch in seiner geschichtlichen und biographischen Bedingtheit – unmittelbar ersichtlich bei der Lektüre des Gedichts, mit dem Kästner seinen ersten Gedichtband, ‚Herz auf Taille' (1928), eröffnete:

„*Jahrgang 1899*

Wir haben die Frauen zu Bett gebracht,
als die Männer in Frankreich standen.

Wir hatten uns das viel schöner gedacht.
Wir waren nur Konfirmanden.

Dann holte man uns zum Militär,
bloß so als Kanonenfutter.
In der Schule wurden die Bänke leer,
zu Hause weinte die Mutter.

Dann gab es ein bißchen Revolution
und schneite Kartoffelflocken;
Dann kamen die Frauen, wie früher schon,
und dann kamen die Gonokokken.

Inzwischen verlor der Alte sein Geld,
da wurden wir Nachtstudenten.
Bei Tag waren wir bureau-angestellt
und rechneten mit Prozenten.

Dann hätte sie fast ein Kind gehabt,
ob von dir, ob von mir – was weiß ich!
Das hat ihr ein Freund von uns ausgeschabt.
Und nächstens werden wir Dreißig.

Wir haben sogar ein Examen gemacht
und das meiste schon wieder vergessen.
Jetzt sind wir allein bei Tag und bei Nacht
und haben nichts Rechtes zu fressen!

Wir haben der Welt in die Schnauze geguckt,
anstatt mit Puppen zu spielen.
Wir haben der Welt auf die Weste gespuckt,
soweit wir vor Ypern nicht fielen.

Man hat unsern Körper und hat unsern Geist
ein wenig zu wenig gekräftigt.
Man hat uns zu lange, zu früh und zumeist
in der Weltgeschichte beschäftigt!

Die Alten behaupten, es würde nun Zeit
für uns zum Säen und Ernten.
Noch einen Moment. Bald sind wir bereit.
Noch einen Moment. Bald ist es soweit!
Dann zeigen wir euch, was wir lernten!“[233]

Dies ist – vergleichbar einem später so betitelten Gedicht – ein ‚kurzgefaßter Lebenslauf',[234] eine „lyrische Biographie",[235] die über das Einzelschicksal hinausgreifend die prägenden Erfahrungen eines Jahrgangs und einer Generation exemplarisch beschreibt und damit zugleich die Bereiche benennt, denen sich Kästner mit seinen Gedichten zuwandte: Militarismus und Krieg, wirtschaftliche Not und soziale Spannungen, zwischenmenschliche Beziehungen und Sexualität, Werte und Normen der bürgerlichen Gesellschaft. Mithin bieten die zwischen 1928 und 1932 erschienenen Gedichtbände ein Panorama ihrer Zeit. Wenn hier versucht wird, die Konturen zu verdeutlichen, so geschieht dies unter Berufung auf die Arbeiten von John Winkelmann,[236] Egon Schwarz,[237] Volker Klotz[238] und vor allem Dirk Walter,[239] dessen umfangreiche und gründliche Untersuchung von Kästerns Lyrik für die folgenden Ausführungen überaus wichtig ist.

Der Erste Weltkrieg war für den Jahrgang 1899, dem Kästner angehörte, der entscheidende Einschnitt. Wenn Kästner im ‚Kurzgefaßten Lebenslauf' im Anschluß an die Verse über die Schulzeit schreibt: „Dann gab es Weltkrieg, statt der großen Ferien",[240] so bedeutete dies für seine Altersgenossen, unter dem pathetischen Gerede kriegsbegeisterter Rektoren[241] und Pastoren[242] von der Schulbank weg einrücken zu müssen, um im besten Fall einem Menschenschinder wie dem Sergeanten Waurich ausgeliefert zu werden,[243] im schlimmsten Fall als „Kanonenfutter" zu dienen,[244] als Krüppel zurückzukehren[245] oder im Massengrab verscharrt zu werden: „Man machte doch in Jugend Ausverkauf . . ."[246] Für diese ‚verkauften' Jahrgänge zog der Pazifist Kästner in ungefähr dreißig Gedichten traurige Bilanz und erhob Anklage gegen den Militarismus. Es gibt bei Kästner, wie Dirk Walter hervorgehoben hat,[247] keinerlei Dämonisierung oder Heroisierung des Kriegs und keine Schilderung von ‚Fronterlebnissen', die oftmals auch in dezidierter Antikriegsliteratur zur Heroisierung des Kriegs beitrugen und den Kampf zum Faszinosum machten.[248] Kästners Sicht ist ausschließlich die der Opfer, die von ihm nicht pathetisch als Helden gefeiert sondern als Leidende oder sinnlos zerstörte Existenzen beschworen werden. Das letzte Gedicht im Gedichtband ‚Herz auf Taille' handelt gleichsam von den Gefallenen des ‚Jahrgangs 1899', mit dessen Geschichte der Band eröffnet wurde. Sein Titel: ‚Stimmen aus dem Massengrab (Für den Totensonntag. Anstatt einer Predigt)'.[249] Entgegen dem besänftigenden „Plaudern der Pastoren" wird darin die Sinnlosigkeit der Opfer behauptet und wird zum Frieden aufgerufen.

Aus der Sicht der Opfer zu schreiben, hieß für Kästner immer auch gegen zukünftige Opfergänge zu schreiben. Diesen wollte er durch die Entlarvung eines zweifelhaften Heldentums und Heldenruhms und durch die Prophezeiung der völligen Ausrottung irdischen Lebens[250] vorbeugen. Zugleich aber mußte er mitansehen, wie in Deutschland die Tradition des Militarismus fast ungebrochen fortwirkte und sich mit dem Nationalismus zu einer brisanten Mischung vereinigte. Wie das oben zitierte Gedicht ‚Die andre Möglichkeit'[251] zeigt, wurden durch die Niederlage von 1918 die schlimmsten Auswüchse des Militarismus verhindert; das berühmte Gedicht ‚Kennst du das Land, wo die Kanonen blühen'[252] weist indessen darauf hin, wie sehr auch die Gesellschaft jener Republik, die sich auf den humanitären Geist der Weimarer Klassik berief, dem Militarismus verfallen war. Demgegenüber schien die Erziehung zum Pazifismus[253] ein aussichtsloses Unterfangen zu sein und mußten Hoffnungen auf die Verhinderung von Kriegen traumhafte Phantasien bleiben.[254] Um das „Kriegverlieren" zu verhindern, schien es, wie in dem sarkastischen Gedicht ‚Patriotisches Bettgespräch' empfohlen wird, nur ein Mittel zu geben: „Komm, laß uns den Geburtenrückgang pflegen."[255]

Zur Tradition des Militarismus, zur Verherrlichung des Kriegs durch Geistliche,[256] Lehrer[257] und Veteranen,[258] zur Kriegslüsternheit des Militärs[259] sah Kästner ein Interesse der Industrie am Krieg hinzukommen. So heißt es im Gedicht ‚Knigge für Unbemittelte': „Den Millionären geht es schlecht. Ein neuer Krieg käm ihnen recht."[260] Diese und ähnliche Verse dürften auf jenen Militarismustheorien der Zwanziger Jahre beruhen, die eine enge Bindung zwischen Wirtschaft und Militär behaupteten und den Krieg auch als Konsequenz industrieller Überproduktion und folgender Absatzschwierigkeiten betrachteten.[261] Und Kästner weist auch die schon oberflächlich sichtbare Militarisierung der Wirtschaft auf: die autoritäre Strukturiertheit der Betriebe, das militärische Gebaren der ‚Wirtschaftsführer', den soldatischen Gehorsam der Arbeitnehmer. Folgt man seinen Gedichten, so herrschte in den Büros derselbe barsche Ton wie auf den Kasernenhöfen, wurde die Macht von vergleichbar robusten ‚Herrenmenschen' über willenlose Untergebene ausgeübt.[262]

Der Typus des feisten, dickbauchigen Vorgesetzten, der von ausbeuterischen Interessen bestimmt und von tyrannischen Neigungen geprägt ist, taucht in Kästners Gedichten mehrmals auf.[263] Im Gedicht ‚Offner Brief an Angestellte' parodiert Kästner den knappen und zugleich phrasenhaften Befehlston der ‚Vorgesetzten', zunächst, um die bornierte Selbstgewißheit ihrer Erscheinung sprachlich wirksam werden zu lassen, dann aber, um im selben lakonischen Ton ihre Monstrosität zu enthüllen und ihre ‚Beseitigung' vorzuschlagen: „Blast sie auf, und wenn sie platzen! Gibt es schönre Luftballons?"[264]

Gegenüber dem von Kästner mehrmals verwendeten Klischee vom fetten Wirtschaftspotentaten[265] ist mit Dirk Walter festzustellen, daß sich Reichtum und Macht in den Zwanziger Jahren längst nicht mehr mit dickem Bauch und protzigem Gebaren zur Schau stellten.[266] Kästner hielt jedoch an diesem Klischee fest, weil es in satirischen Gedichten dazu geeignet war, Herrenmenschentum und Saturiertheit in empörender Verzerrung erscheinen zu lassen und die gelegentliche Bonhomie der ‚Bosse' als Camouflage ihrer ausbeuterischen Interessen zu entlarven. Die Widerwärtigkeit der vorgestellten Typen ließ Arbeit und Dienst unter solchen Vorgesetzten als unerträglich erscheinen, aber Kästner rät keineswegs zu irgendwelchen Aktivitäten gegen die vorher denunzierten ‚Bonzen'. Seine Vorschläge etwa im ‚Offnen Brief an Angestellte' müssen als absurd bezeichnet werden, und in ihrer Absurdität dokumentieren sie Kästners Rat- und Hilflosigkeit gegenüber dem Phänomen der wirtschaftlichen Abhängigkeit und Ausbeutung. Mehr als seine Satire konnte und wollte er ihnen nicht entgegensetzen.

Den Versuch einer revolutionären Beseitigung wirtschaftlicher und sozialer Gegensätze hat Kästner weder favorisiert noch propagiert. Die menschliche Gesellschaft durch Verbreitung revolutionärer Ideen zu verbessern, hielt er für aussichtslos, wie aus dem Gedicht ‚Dem Revolutionär Jesus zum Geburtstag' zu erschließen ist: Beispiel und Opfer Christi blieben – nach Kästners Ansicht – ohne Wirkung, seine ‚revolutionäre' Botschaft wurde von den weltlichen Mächten unterdrückt und von den christlichen Kirchen veruntreut.[267] Anstelle eines praktizierten Christentums sah Kästner eine ‚unheilige' Allianz von Kirche, Staat, Militär und Industrie.[268]

Besonders aufschlußreich für Kästners Haltung gegenüber dem Problem der wirtschaftlich-sozialen Spannungen ist das Gedicht ‚Ansprache an Millionäre', das 1930 in der ‚Weltbühne' erschien und auch in den Gedichtband ‚Ein Mann gibt Auskunft' aufgenommen wurde. In dieser ‚Ansprache' werden die Reichen auf die Möglichkeit einer Revolution hingewiesen, wenn nicht die sozialen Gegensätze durch eine vernünftige Wirtschafts- und Sozialpolitik abgebaut würden.[269] Es kann – zumal nach der eingehenden Analyse dieses Gedichts durch Dirk Walter[270] – kein Zweifel daran bestehen, daß es sich bei diesem Gedicht nicht um einen Revolutionsaufruf handelt, nicht einmal um einen heimlichen Revolutionswunsch: Letzten Endes ist die ‚Ansprache an Millionäre' um jenen gesellschaftlichen Konsens bemüht, den die Weimarer Republik in Wirklichkeit nie erreichte. Wenn nämlich zunächst ein Aufstand der Armen mitleidslos und in schockierendem Vokabular als brutale Racheaktion gegen die Reichen und Mächtigen geschildert wird, so geschieht dies nur zur Warnung. Das Gedicht will als eindringlicher Mahnruf an die wirtschaftlichen Machthaber verstanden werden, die Brisanz der Situation endlich wahrzunehmen und Abhilfe zu schaffen, noch bevor es zu den projizierten Greueltaten kommt, die der Sprecher des Gedichts im übrigen so wenig gutheißt wie den kritisierten Zustand der krassen sozialen Gegensätze: „Ihr (die Millionäre) seid nicht gut. Und auch sie (die Revolutionäre) sind's nicht." Aber von Güte, von Moralität ist nicht die Rede, kann es auch gar nicht sein, da der Sprecher von einer pessimistischen Anthropologie ausgeht: „Der Mensch ist schlecht. Er bleibt es künftig." Konsequenterweise wird nur von Geschäften gesprochen, wird an Vernunft und wirtschaftliche Interessen appelliert. Vergleichbar dem New Deal-Programm, mit dem Präsident Roosevelt in den Vereinigten Staaten der Wirtschaftskrise Herr zu werden suchte, werden wirtschaftliche Großprojekte vorgeschlagen, die nicht nur auf einen gewinnträchtigen „Umbau" der Welt hinauslaufen, sondern auch – als Nebeneffekt – auf ihre Verbesserung. Über die Praktikabilität der unterbreiteten Vorschläge zumindest in der Lage von 1930 ließe sich streiten; Dirk Walter bezeichnet sie aus guten Gründen als realitätsfern.[271] Aber in ihrem illusorischen Charakter, in ihren kaum eingestandenen Hoffnungen auf die Vernunft – und vielleicht auch auf die zuvor provokativ in Abrede gestellte Moralität – zeigt sich Kästners Wunsch nach einem friedlichen Abbau wirtschaftlicher Abhängigkeiten und sozialer Spannungen.

In seinen Gedichten dokumentierte Kästner die Gegensätze zwischen den übersättigten Gästen hochalpiner Luxushotels[272] und den unterernährten Bewohnern trauriger Vorstadtstraßen,[273] appellierte an die Vernunft der Reichen und forderte ihre Initiative zur Überwindung dieser Gegensätze. In seinem Roman ‚Pünktchen und Anton' ging er einen Schritt weiter und ließ das Ideal praktizierter Solidarität der Reichen mit den Armen aufleuchten. Das Beispiel von ‚Pünktchen und Anton' hat gewiß märchenhafte Züge und kann gegen den Vorwurf der Idyllik kaum verteidigt werden. Es ist aber – wie die anderen Appelle an die Reichen – ernstzunehmen als Ausdruck für Kästners Hoffnung auf einen mit dem Kapitalismus vereinbarlichen ‚ethischen' oder ‚freiwilligen' Sozialismus nichtmarxistischer Provenienz,[274] für den ‚Mitleid' und ‚Solidarität' sozusagen die Grundbegriffe sind, ergänzt durch den Begriff der ,Vernunft'. Im Horizont dieser drei Begriffe bewegt sich Kästners sozialethisches und politisches Denken in entschiedener Distanz zu allen radikalen und anarchischen Strömungen, die sich auch in der politischen Lyrik der Weimarer Republik artikulierten.[275] Kästner darf wohl zu den von Felix Gilbert so genannten ,Vernunftrepublikanern der Linken' gezählt werden,[276] die im Interesse der Republik und ihrer Zukunft eine umfassende soziale Harmonie wünschten.

Dabei liegt Kästners Leistung eindeutig nicht darin, eine theoretisch fundierte Kritik der ökonomischen Notlage und der sozialen Spannungen in literarisch besonders anspruchsvollen Formen präsentiert zu haben; vielmehr lieferte er in seinen Gedichten eine unpathetische, oft ironische und manchmal sarkastische, dabei aber meist anrührende Beschreibung der alltäglichen und unmittelbar zu beobachtenden Nöte der ,kleinen Leute', der „kleinen Zustände", wie Andersch sagte.[277] Aus Kästners Gedichten sprechen Tippfräulein, die sich gerade noch der beruflichen und amourösen Frustrationen erwehren können;[278] Buchhalter, deren Lohn zum Heiraten nicht ausreicht und denen vor Hunger und Kummer die Hemdkrägen zu weit werden;[279] Tanzgirls, die von der Routine ihres Berufs enttäuscht sind;[280] Bar- und Animierdamen, die von ihrer Tätigkeit mehr oder minder angeekelt sind;[281] Dienstmädchen, die von der „Gnädjen" schikaniert werden und dem Hausherrn zu Gefallen sein müssen;[282] Kellner, die unter den Launen der Gäste zu leiden haben;[283] jugendliche Arbeitslose, die keine sinnvolle Zukunft vor sich sehen.[284] Und neben den beruflich Frustrierten und ökonomisch zu kurz Gekommenen klagen menschlich Enttäuschte ihr Leid, vereinsamte Mütter und betrogene Liebhaber.[285] In diesen ,Rollengedichten'[286] werden – auch wenn sie in der Ich-Form verfaßt und mit speziellen biographischen Details ausgestattet sind – die generalisierten Erfahrungen bestimmter sozialer Gruppen zur Sprache gebracht. Dabei kommt es dem Autor darauf an, den Leser oder Hörer wenigstens für den Moment der Lektüre oder des Vortrags zur Identifikation zu bewegen: Er soll die Gedanken des sprechenden Ich nachvollziehen und seine Gefühle nachempfinden. Welche Wirkung dieser kurz- oder längerfristigen Identifikation entspringt, läßt sich nicht generell sagen, hängt vielmehr von der jeweiligen Position und spezifischen Situation des Rezipienten ab. Prinzipiell können die Rollengedichte wohl der Selbstvergewisserung in der eigenen sozialen Rolle oder dem Verständnis für die Denk- und Verhaltensweise anderer Gruppen dienen; sie können dem Rezipienten seine eigenen Sorgen und Nöte verdeutlichen oder die anderer Menschen nahebringen; sie können durch die Identifikation mit anderen tröstend oder aufstachelnd wirken.

Wie auch immer man die Wirkung von Kästners Gedichten im Einzelfall veranschlagen mag – auf Wirkung in einem mitmenschlich zu nennenden Sinn sind sie angelegt. Kästner selbst bezeichnete seine Gedichte als „Gebrauchslyrik"; in der ‚Prosaischen Zwischenbemerkung' zur Gedichtsammlung ‚Lärm im Spiegel' (1929) erläuterte er diesen Begriff mit einer kritischen Wendung gegen den esoterischen Anspruch anderer Lyrik und gleichermaßen gegen den um 1930 gängigen Vorwurf, daß die lyrische Gattung überholt, weil gesellschaftlich wirkungslos sei:[287] „Zum Glück gibt es ein oder zwei Dutzend Lyriker – ich hoffe fast, mit dabei zu sein –, die bemüht sind, das Gedicht am Leben zu erhalten. Ihre Verse kann das Publikum lesen und hören, ohne einzuschlafen; denn sie sind seelisch verwendbar. Sie wurden im Umgang mit den Freuden und Schmerzen der Gegenwart notiert; und für jeden, der mit der Gegenwart geschäftlich zu tun hat, sind sie bestimmt. Man hat für diese Art von Gedichten die Bezeichnung ‚Gebrauchslyrik' erfunden, und die Erfindung beweist, wie selten in der jüngsten Vergangenheit wirkliche Lyrik war. Denn sonst wäre es jetzt überflüssig, auf ihre Gebrauchsfähigkeit wörtlich hinzudeuten. Verse, die von den Zeitgenossen nicht in irgendeiner Weise zu gebrauchen sind, sind Reimspielereien, nichts weiter. (...)

Daß jemand ausspricht, was ihn bewegt und bedrückt – und andere mit ihm –, ist nützlich. Wem das zu einfach gesagt ist, der mag es sich von Psychoanalytikern erklären lassen. Wahr bleibt es trotzdem.

Die Lyriker haben wieder einen Zweck. Ihre Beschäftigung ist wieder ein Beruf. Sie sind wahrscheinlich nicht so notwendig wie die Bäcker und die Zahnärzte; aber nur, weil Magenknurren und Zahnreißen deutlicher Abhilfe fordern als nichtkörperliche Verstimmungen. Trotzdem dürfen die Gebrauchspoeten ein bißchen froh sein: sie rangieren unmittelbar nach den Handwerkern."[288]

Das Understatement dieser letzten Zeilen darf nicht über das Selbstbewußtsein hinwegtäuschen, das Kästner als ,Gebrauchslyriker' hatte: nicht nur, weil seine Gedichtbände gekauft und gelesen wurden, sondern auch, weil er von ihren vielfachen und positiven Wirkungen in einem gleichsam psychotherapeutischen Sinn überzeugt war. Dies erläuterte Kästner im Vorwort zu seiner Gedichtauswahl ,Doktor Erich Kästners lyrische Hausapotheke', wo er seine Gedichte als „Medikamente" zur „Behandlung des durchschnittlichen Innenlebens" bezeichnete, sozusagen als „Pillen" zur Anregung von „Humor, Zorn, Gleichgültigkeit, Ironie, Kontemplation und Übertreibung".[289] Damit knüpfte Kästner an das Arzt- oder Apotheker-Gleichnis an, das vom Humanismus bis zur Aufklärung häufig für die Rechtfertigung der Literatur und für die Beschreibung ihrer heilsamen Wirkung benutzt worden war.

Zugleich setzte Kästner mit diesen Ausführungen seine Gedichte von der ,poésie pure' ab und stellte sie in die Tradition der in Deutschland vernachlässigten ,littérature engagée'. Für ihn, der auch immer die Versachlichung des Dichterbegriffs betrieb und sich als Schriftsteller bekannte,[290] waren Gedichte nicht zweckfreie Produkte eines angeblich unbewußten dichterischen Schöpfungsakts; für derartige Mystifizierungen hatte er nur Spott übrig.[291] Kästner deklarierte seine Gedichte als Zweckliteratur, die im privaten Bereich der psychischen Therapie dienen sollten, im öffentlichen Bereich der Aufklärung. Es ging ihm nicht um die Evokation von vagen Gefühlen und Stimmungen, sondern um die Vermittlung von begründeten Einsichten und moralisch verantwortbaren Haltungen.

Nach der Aufklärungs- und Besserungsabsicht richten sich die angestrebte Stilhöhe und die verwendeten Stilmittel. Kästner schrieb – wenn man die traditionelle Dreistiltheorie als Raster nimmt – in jenem ‚niederen', sachlichen Stil, der dem Aufklären und Belehren angemessen und dienlich ist. In der Regel benutzte Kästner – wie leicht zu beobachten ist und wie zuletzt Dirk Walter dargelegt hat[292] – die leicht verständliche und milieugeprägte Sprache des Alltags, bevorzugte eine unkomplizierte Syntax und kurze Sätze, bemühte sich um realistische Anschaulichkeit und vermied in Reim und Versmaß alle Extravaganzen. Kästners Lyrik hat – auch unter formalem Aspekt – einen betont antiesoterischen und antipathetischen Charakter. Dient das gewöhnliche Vokabular der Alltagssprache dazu, die Inhalte so klar und unmißverständlich darzulegen, daß die meisten Kästner-Gedichte keiner langen Deutung mehr bedürfen, so haben die vielen Schnoddrigkeiten, die raffiniert eingesetzten Jargonwendungen und die manchmal vorkommenden Vulgaritäten primär den Zweck, Pathos möglichst zu unterbinden und das Aufkommen lyrischer Stimmung zu verhindern; darüber hinaus mögen sie für das Amusement des Publikums berechnet gewesen sein.

Der Versuch, so zu schreiben, kam einer Gratwanderung gleich, und nur in seinen besten Gedichten ist es Kästner geglückt, gefährliche und für die Wirkung zerstörerische Fehltritte zu vermeiden. Wie eng der Spielraum war, konnte aus den letzten Versen des oben zitierten Gedichts ‚Moralische Anatomie' ersehen werden, wo der Vorwurf des Abgleitens in die bloße Vulgarität nahelag.

Das Eigentümliche an Kästners Stil, das, was den unverkennbaren und bisweilen etwas penetrant wirkenden ‚Kästner-Ton' ausmacht, ist jene immer wieder frappierende Mischung von Literatursprache und Umgangston, von ‚Dichterworten' und Alltagswendungen, von präzisen Fachsprachen und emotional beladenen Jargons, die Kästner nicht nur platt reproduzierte, sondern durch ironische Anverwandlungen und kritische Beleuchtungen zum Funkeln brachte. Die technische Routiniertheit dieser Jargon-Montagen nötigte auch jene Kritiker zur Anerkennung von Kästners ,Talent', die – wie Walter Benjamin und wie neuerdings unter Berufung auf diesen auch Volker Klotz – die ideologischen Implikationen dieser Schreibart in Frage stellten und mit Polemik überzogen.[293]

Die Wirkung seiner formal so einfachen Gedichte beruht – wie an dem oben zitierten ,Nachtgesang eines Kammervirtuosen' besonders gut zu beobachten war – auf der Präzision von Kästners Anspielungstechnik und auf der Perfektion seines Wortwitzes. Nicht zufällig schrieb Kästner auch eine Reihe von Epigrammen, die seit jeher Raum boten für scharfsinnige und frappierende Wortspiele und Vergleiche.[294] Als Beispiele sollen jedoch einige Verse aus längeren Gedichten dienen, so die folgende Sentenz aus dem Gedicht ,Der Mensch ist gut':

> ,,Auch die Moral hat ihr Gesetz der Schwere:
> Der schlechte Kerl kommt hoch – der Gute fällt."[295]

Oder zwei Verse aus dem Gedicht ,Die Zunge der Kultur reicht weit', wo sozusagen kulturelle Überanstrengungen karikiert werden:

> ,,Der Straßenkehrer braucht das Abitur
> und muß belesen sein in Schund und Schmutz."[296]

Oder die dritte Strophe aus der ,Elegie mit Ei':

> ,,Wir wolln der Zukunft nicht ins Fenster gaffen.
> Sie liegt mit der Vergangenheit zu Bett.
> Die ersten Menschen waren nicht die letzten Affen.
> Und wo ein Kopf ist, ist auch meist ein Brett."[297]

Im ersten Beispiel verbinden sich Sarkasmus des Moralisten und Entlarvungsabsicht des Satirikers zu einer Feststellung, die so einleuchtend wie überraschend klingt und keinerlei störende Momente enthält. Beim zweiten und dritten Beispiel ist dies, wenn man strenge Maßstäbe anlegt, anders. ,,Straßenkehrer" paßt zu ,,Schund und Schmutz", wirkt aber im Zusammenhang des Gedichts doch herabwürdigend, bestätigt Vorurteile und läßt Überheblichkeit erkennen. Auch im dritten Beispiel wird ein richtiger Gedanke, nämlich die ‚Zusammengehörigkeit' von Vergangenheit und Zukunft, durch die Anzüglichkeit des Vergleichs und durch die Abwertung des Beobachters gewissermaßen zum gaffenden Voyeur fast anrüchig gemacht. Und es gibt schlimmere Beispiele, etwa in dem schon erwähnten Gedicht ‚Ragout fin de siècle'. Nicht ganz zu Unrecht haben Walter Benjamin und Volker Klotz an Kästners Verfahrensweise moniert, daß die meist fragwürdigen Wertvorstellungen, die mit den verwendeten Idiomen und Jargons verbunden sind, subkutan im Gedicht enthalten sind und bisweilen beim Leser Irritation hervorrufen.[298] Fatal wird dies, wenn die aufgesammelten und vielleicht zu unbedenklich montierten Sprachmaterialien die Wertvorstellungen und die Wirkungsabsicht des Autors nicht mehr erkennen lassen oder wenn sie nur noch dazu taugen, miserable Zustände für eine – je danach – resignative, geringschätzige, angewiderte Betrachtung zu konservieren. Gegen einzelne von Kästners Gedichten kann dieser Vorwurf sicher erhoben werden. Die meisten aber dürften dazu geeignet sein, eine intellektuelle und moralische Auseinandersetzung mit den dargestellten Phänomenen in Gang zu bringen und bis zu einem gewissen Grad auch zu steuern. Wie weit sie sich der Phantasie und der kritischen Vernunft des Lesers bemächtigen können, hängt freilich auch von diesem ab.

Komplementär zu der großen Zahl von Kästners zeit- und gesellschaftskritischen Gedichten finden sich über die Gedichtbände verstreut auch einige, in denen die andernorts kritisierten Zivilisationsschäden und Entfremdungserscheinungen beseitigt oder außer acht gelassen sind, in denen Kästners „Idyllensehnsucht" seinen kritischen Impetus überwiegt und auch seinen vielberufenen ‚neusachlichen' Realitätssinn zugunsten einer regressiven und gefühlsbetonten Naturzuwendung[299] außer Kraft setzt. Dazu gehören ‚Jardin du Luxembourg',[300] ‚Junggesellen sind auf Reisen',[301] ‚Die Großeltern haben Besuch',[302] ‚Modernes Märchen',[303] möglicherweise auch der Gedichtzyklus ‚Die dreizehn Monate' (1955): ein Versuch, den Großstädter als „denaturierte(n) Wilden" momentan aus den zivilisatorischen Inkrustierungen zu befreien und mit der Natur zu versöhnen.[304] Die Realitätsferne dieser Gedichte hat Kästner selbst sehr wohl gesehen,[305] und er wußte, daß sie nicht mehr waren als eskapistische Fluchtbewegungen, nicht tragfähige Versuche, die alltägliche Misere eines ‚Kurt Schmidt'[306] und das großstädtische ‚Leben in dieser Zeit'[307] überhaupt zu vergessen.

Fluchtbewegungen waren wohl auch Kästners ‚absurde' Gedichte und ‚Nonsens'-Verse. Einige von ihnen lassen den genetischen und intentionalen Zusammenhang mit den zeit- und gesellschaftskritischen Gedichten durchaus noch erkennen. So wird im Gedicht ‚Ein paar neue Rekorde' zunächst die Sucht nach lächerlichen und im Grunde genommen nichtswürdigen Sensationen karikiert (da hat sich einer fünf Jahre nicht gewaschen usw.), am Schluß aber erfährt das Gedicht eine Wendung ins Zeitkritische:

> „Dann kenn ich den, der Tag und Nacht
> seit 1918 lacht.
> Er sagte mir, bei sich zu Hause,
> in einer kleinen Atempause:
>
> Wenn ich mal nicht mehr lachen kann,
> seh ich mir bloß die Menschen an.
> Da kann ich gar nichts machen.
> Ich seh sie – und muß lachen!"[308]

Irritierend an diesen Versen wirkt, daß Standpunkt und Absicht des Autors nicht auszumachen sind. Für einen bloßen Ulk hat die Figur des Lachers seit 1918 einen zu bedrückenden Hintergrund (Revolution, Inflation, Arbeitslosigkeit usw.), doch gibt der Autor keinerlei Signal, wie anders er den Lacher betrachtet wissen möchte. Ebenso irritierend wirken die Gedichte ‚Die Zunge der Kultur reicht weit',[309] ‚Münchhausen schreibt ein Reise-Feuilleton'[310] und ‚Wieso warum'.[311] Zu Recht hat jedoch Dirk Walter darauf hingewiesen, daß es sich bei diesen zuletzt genannten Titeln um Gedichte aus dem ersten Gedichtband ‚Herz auf Taille' handelt,[312] sozusagen um Fehlleistungen des jungen Kästner. Es ist jedenfalls nicht leicht, in den genannten Gedichten mehr zu sehen als nur unglückliche Versuche, die Welt unter dem Vorzeichen des Lächerlichen, des Widersinnigen zu betrachten, um sich einer ernsthaften Auseinandersetzung mit ihren Problemen entziehen zu können. Daß Kästner später auf derartige ‚Nonsens'-Verse verzichtete, könnte als Korrektur einer zunächst einmal – vielleicht nur probeweise – eingeschlagenen Richtung gewertet werden. Dem ‚Humoristen' Kästner erschien später die Welt keineswegs mehr lächerlich; er versuchte nur, sich das Lachen als Schutzmittel zu bewahren und sich über seinen Humor mit der Welt und den Menschen auch in ihrer Mangelhaftigkeit oder gar Feindseligkeit zu versöhnen. Daß Kästners Humor manchmal forciert wirkt und daß Kästner als Herausgeber von rein humoristischen Anthologien unglaubwürdig bleibt, liegt an der zuvor gezeigten Empfindlichkeit des Moralisten, die durch Humor nicht zu heilen war, allenfalls zu überdecken.

Wenn nun das „nach einer wahren Begebenheit" verfaßte Gedicht ‚Der Handstand auf der Loreley' betrachtet werden soll, so geschieht dies aus zwei Gründen: Erstens verbinden sich in ihm auf gelungene Weise zeitkritisch-satirische und humoristische Elemente; zweitens zeigt es noch einmal musterhaft Kästners Schreibtechnik.

„Die Loreley, bekannt als Fee und Felsen,
ist jener Fleck am Rhein, nicht weit von Bingen,
wo früher Schiffer mit verdrehten Hälsen,
von blonden Haaren schwärmend, untergingen.

Wir wandeln uns. Die Schiffer inbegriffen.
Der Rhein ist reguliert und eingedämmt.
Die Zeit vergeht. Man stirbt nicht mehr beim Schiffen,
bloß weil ein blondes Weib sich dauernd kämmt.

Nichtsdestotrotz geschieht auch heutzutage
noch manches, was der Steinzeit ähnlich sieht.

So alt ist keine deutsche Heldensage,
daß sie nicht doch noch Helden nach sich zieht.

Erst neulich machte auf der Loreley
hoch überm Rhein ein Turner einen Handstand!
Von allen Dampfern tönte Angstgeschrei,
als er kopfüber oben auf der Wand stand.

Er stand, als ob er auf dem Barren stünde.
Mit hohlem Kreuz. Und lustbetonten Zügen.
Man frage nicht: Was hatte er für Gründe?
Er war ein Held. Das dürfte wohl genügen.

Er stand, verkehrt, im Abendsonnenscheine.
Da trübte Wehmut seinen Turnerblick.
Er dachte an die Loreley von Heine.
Und stürzte ab. Und brach sich das Genick.

Er starb als Held. Man muß ihn nicht beweinen.
Sein Handstand war vom Schicksal überstrahlt.
Ein Augenblick mit zwei gehobenen Beinen
ist nicht zu teuer mit dem Tod bezahlt!

P. S. Eins wäre allerdings noch nachzutragen:
Der Turner hinterließ uns Frau und Kind.
Hinwiederum, man soll sie nicht beklagen.
Weil im Bezirk der Helden und der Sagen
die Überlebenden nicht wichtig sind."[313]

Hier werden Sensationsgier und ein fragwürdiges, letztlich sogar ärgerliches Heldentum der Lächerlichkeit preisgegeben und als anachronistisch abgetan. Wenn nämlich die erste Strophe – ungebührlich knapp und mit despektierlichem Vokabular – an die früher tatsächlich vorhandene und zudem mythologisch überhöhte Gefährlichkeit jener Rheinpassage bei Bingen erinnert, so stellt die zweite Strophe nüchtern fest, daß mit der Regulierung des Flusses die realen Gefahren beseitigt wurden und somit die mythischen Spekulationen darüber obsolet geworden sind. Der Travestie des Mythos in der ersten Strophe folgt in der zweiten Strophe die Entmythologisierung durch den Verweis auf den technischen Fortschritt, der tragische Todesfälle wenigstens an dieser Stelle zur Vergangenheit werden ließ. Dem aber wird in der dritten Strophe die Fortdauer des Mythos und der heroischen Tradition entgegengesetzt, an deren Atavismus durch den Vergleich mit der Steinzeit freilich kein Zweifel gelassen wird. Dann folgt die „Heldentat", lächerlich gemacht durch den klappernden Reim von „Handstand" und „Wand stand" und durch die ganz unheroische Benennung des ‚Helden' als „Turner". Diese Abwertung wird in der nächsten Strophe fortgesetzt, wo die Unangemessenheit und Unbegründetheit einer sportlichen Übung auf der Loreley betont wird, da es doch Sporthallen mit Barren und Bodenmatten gibt. Wenn dann durch den anaphorischen und pathetischen Beginn der nächsten Strophe doch noch Anerkennung aufzukommen scheint, so wird durch das folgende „verkehrt" die Situation erneut lächerlich gemacht und der Bewunderung jeder Grund entzogen. Was da vorgeführt wird, ist pervertiertes Heldentum, das sich sinnlos in Pose setzt und im Abglanz eines versunkenen Mythos Bewunderung erheischt, den Mythos deswegen auch als Basis des Auftritts und als Medium der Verklärung braucht. Im Horizont des Mythos, dies bedeuten die folgenden Verse, beansprucht eine deplacierte Turnübung, als schicksalhafte Heldentat mit tragischem Ende anerkannt zu werden. Die ironischen Schlußverse jedoch, indem sie diese Anerkennung zu geben scheinen, stellen gerade die Nichtswürdigkeit des Geschehens noch einmal heraus und decken im übrigen auch die inhumane Seite nicht allein der sogenannten heroischen Taten auf, sondern auch jener unkritischen Bewunderung für ‚Heldentaten' und ‚Gipfelleistungen', die nach Opfern nicht fragt.

Am desillusionierenden, ja sogar aufklärerischen Wert von Kästners Gedicht kann danach kein Zweifel mehr sein. Erreicht wird dieser Wert vor allem durch die Sprache: durch die genau kalkulierten Übergänge von betont sachlichen, kaltschnäuzigen, hämischen und zynischen zu unwahr sentimentalen und unangebracht heroischen Tönen.

Angesichts der Souveränität, mit der Kästner die verschiedensten Jargons und Stile handhabte und in seinen Gedichten mischte, und angesichts der in dieser Jargon- und Stilmischung sich ausdrückenden Ironie und Distanziertheit Kästners gegenüber der Wirklichkeit und gegenüber den damals vorhandenen literarischen Beschreibungsmustern von Wirklichkeit, fällt es schwer, Kästner einer bestimmten literarischen Richtung oder Schule zuzuordnen. Häufig wurde er zwar schon als Repräsentant der ‚Neuen Sachlichkeit' genannt, jener in den Zwanziger Jahren dominierenden künstlerischen und literarischen Richtung, die zu einer unverfälschten und kritisch diagnostizierenden Beschreibung der Wirklichkeit tendierte (angeblich unverfälscht: Wenn man sich die unter dem Begriff der Neuen Sachlichkeit subsumierten Texte und Bilder anschaut, bekommt man meist einen andern Eindruck; die Bezeichnung ‚Neue Sachlichkeit' ist unzulänglich, und die Verwirrung ist groß).[314] Aber gegenüber der Zuordnung Kästners zur ‚Neuen Sachlichkeit' wurden auch schon Zweifel angemeldet,[315] und grundsätzlich bleiben zwei Fragen zu stellen. Erstens: Was berechtigt dazu, Kästners lyrisches Werk von 1928 bis 1933 (und den Roman ‚Fabian') als ‚neusachlich' zu bezeichnen? Und zweitens: Welche Konsequenzen hat diese Etikettierung sowohl für die Interpretation und Bewertung einzelner Gedichte als auch des gesamten lyrischen Werks? Beide Fragen können selbstverständlich nicht strikt voneinander getrennt werden, denn bereits in der Deskription der (angeblich) ‚neusachlichen' Momente von Kästners Werk macht sich die positive oder negative Einstellung des jeweiligen Interpreten gegenüber der Richtung der ‚Neuen Sachlichkeit' bemerkbar, und erst recht verhindert diese Voreingenommenheit dann ein angemessenes Urteil über ein einzelnes Gedicht oder über das Gesamtwerk. Im übrigen tun sich die meisten Interpreten schwer, zu zeigen, was an Kästners Gedichten in einem präzisen Sinn ‚neusachlich' ist.

Festgestellt werden kann auf jeden Fall (und die oben zitierten Ausführungen zum Begriff ‚Gebrauchslyrik' sind nur ein explizit formulierter Beleg dafür), daß Kästner mit seiner Lyrik einer literarischen Richtung folgte, die sich vom Expressionismus absetzte:[316] von dessen Exaltiertheit und visionärem Gebaren, von dessen Schreiton und kühner Metaphorik, von dessen Pathos und eigenwilliger Syntax. Dies hat Egon Schwarz unlängst dargelegt,[317] und neuerdings hat Volker Klotz die Differenzen zwischen expressionistischer und ‚neusachlicher' Poesie durch einen Vergleich von Georg Heyms ‚Gott der Stadt' (1910) und Erich Kästners ‚Vorstadtstraßen' (1930) im einzelnen herausgearbeitet.[318] Zweifellos hat Klotz recht, wenn er Heyms Gedicht letztlich als „Vision" bezeichnet, die sich in der Form einer „negativen, dynamischen Allegorie" ausdrückt und ihren Gegenstand „mythisch verschlüsselt", wenn er demgegenüber in Kästners Gedicht nur die plane Beschreibung der erbärmlichen Details einer Vorstadtstraße sieht, durch einige sentimentale Momente tendenziell zur sozialen Anklage gesteigert. Die Differenzen sind unübersehbar und unüberbrückbar: Wenn es Heym darum ging, in ekstatischer Sprache eine Schreckensvision des Großstadtlebens zu entwerfen und die Großstadt zum Dämon zu mythisieren, so verfolgte Kästner die Absicht, das persönlich erfahrene, konkrete Elend deprimierender Vorstadtstraßen in einer möglichst unemphatischen Sprache zu schildern und die Lebensverhältnisse der dort angesiedelten Schichten einer illusionslosen Betrachtung zu unterbreiten. Kästner liefert keine neuen Mythen, sondern leistet eine kritische Beschreibung der Wirklichkeit in jenem verhaltenen Ton, der Ausdruck der Trauer sowohl ist als auch eines nicht nur momentanen Protests; sein Ziel ist nicht Mythisierung, sondern Aufklärung im sozialen Bereich. In seinen Gedichten will Kästner nicht die zivilisatorischen Mängel als „grundsätzliche Heimsuchungen der Menschheit en bloc" deuten, um einen ‚gewaltigen', doch ‚bodenlosen' ‚humanen Impuls' freizusetzen, will nicht „ontologische Befindlichkeiten" und „kosmische Frakturen" aufweisen,[319] sondern die saturierten Zeitgenossen an die allenthalben zu beobachtenden negativen Seiten der großstädtischen Zivilisation erinnern. Wenn dafür der Gestus des Visionären unbedingt notwendig sein sollte, so sei im übrigen auf das 14. Kapitel des Romans ‚Fabian' verwiesen, das eine schockierende Phantasmagorie einer deformierten und dem Untergang geweihten Gesellschaft liefert. Und grundsätzlich ist gegenüber Klotz' kontrastivem Verfahren an Anderschs Bemerkung zu erinnern, daß es nicht angehe, Kästner mit Brecht zu vergleichen.[320] Das gilt auch für einen Vergleich mit Heym und mit anderen. Wenn Kästner seinen Gedichten weniger Pathos gab, so nicht aus Armut, sondern aus Programm. Und wenn er weniger raunend sprach als einige andere, so geschah dies nicht aus Mangel an Tiefsinn und tragischer Empfindungsfähigkeit, sondern in der Absicht, dem Verstand die Stimme zu leihen.

Kästners Gedichte vermitteln Einblicke in das gesellschaftliche Leben seiner Zeit, sind Äquivalent für nächtliche Beobachtungsgänge, wie er sie im Gedicht ‚Nächtliches Rezept für Städter' empfiehlt:

„Man nehme irgendeinen Autobus.
Es kann nicht schaden, einmal umzusteigen.
Wohin, ist gleich. Das wird sich dann schon zeigen.
Doch man beachte, daß es Nacht sein muß. (...)

Man nehme allem, was zu sehn ist, Maß
Den Toren, Giebeln, Bäumen und Balkonen,
den Häusern und den Menschen, die drin wohnen.
Und glaube nicht, man täte es zum Spaß. (...)

Man nehme sich bei dem Spaziergang Zeit.
Er dient gewissermaßen höhern Zwecken.
Er soll das, was vergessen wurde, wecken.
Nach zirka einer Stunde ist's soweit.

Dann wird es sein, als liefe man ein Jahr
durch diese Straßen, die kein Ende nehmen.
Und man beginnt, sich seiner selbst zu schämen
und seines Herzens, das verfettet war.

Nun weiß man wieder, was man wissen muß,
statt daß man in Zufriedenheit erblindet:

daß man sich in der Minderheit befindet!
Dann nehme man den letzten Autobus,
bevor er in der Dunkelheit verschwindet."[321]

Im Gegensatz zu den meisten andern Gedichten Kästners werden hier keine konkreten sozialen Mißstände vorgeführt und bleiben die Gründe für Schamgefühl und Unbehagen vage. Es werden auch keine bestimmten Überlegungen angestellt, und bevor das Unbehagen überhandnimmt, rettet sich der ,Spaziergänger' in den letzten warmen Bus. Zu fragen bleibt, ob sich in diesem ,Spaziergänger' nicht genau jener Typus des ,verträumten' und ,schwermütigen' mittleren Angestellten abzeichnet, der nach Walter Benjamin der ideale Adressat von Kästners ,neusachlichen' und ,linksmelancholischen' Gedichten war und der mit ihrer Hilfe versuchte, längst verlorene Gefühle noch einmal auszukosten und sich ,,in einer ungemütlichen Situation" gemütlich einzurichten.[322] Wird hier nicht tatsächlich eine Anleitung dazu gegeben, zivilisatorisches und soziales Unbehagen bisweilen zum Konsumartikel zu machen? Ist hinter dem Ganzen mehr zu sehen, als nur eine zeitlich begrenzte Anwandlung von ,Weltschmerz' oder eine unverbindliche Übung in schlechtem Gewissen gegenüber der Umwelt?

Dem ist entgegenzuhalten, daß in diesem Gedicht eben nur der Entstehungsmoment jener Empfindlichkeit beschrieben wird, die die Voraussetzung ist für die Kenntnisnahme, die Diagnose und die praktische Auseinandersetzung mit den zu beobachtenden zivilisatorischen und sozialen Mängeln. Diese Empfindlichkeit beginnt mit der Scham über die ,Verfettung des Herzens', die im Roman ,Fabian' als wahrer Grund für die Krise der Republik und der Gesellschaft genannt wird, und sie kann freilich nur Konsequenzen zeitigen, wenn sie Dauer erlangt, wenn sie sich im nächtlichen ,Spaziergänger' festsetzen und zum Stimulans für mitmenschliches, soziales Handeln steigern kann. In diesem Sinn waren Kästners Gedichte und sein Roman ,Fabian' als Äquivalent und Anregung für Beobachtungsgänge durch die Gesellschaft gedacht.

Dies gilt auch für das 1929 geschriebene Hörspiel ‚Leben in dieser Zeit',[323] eine „Lyrische Suite"[324] von früheren und – zum geringeren Teil – neuen Gedichten. Sie sind in drei ‚Sätze' gegliedert und wurden bei den Aufführungen im Rundfunk und auf Bühnen mit Musik eingeleitet und zum Teil unterlegt. Als Conférenciers treten ein Sprecher und ein Mann namens Kurt Schmidt auf, der bedauernswerte ‚Held' der 1930 in den Gedichtband ‚Ein Mann gibt Auskunft' aufgenommenen ‚Ballade' vom eingeengten und entfremdeten Leben der Arbeiter und Angestellten.[325] In den 14 Nummern der „Suite" werden deren deprimierende Erfahrungen zum Ausdruck gebracht: die Schematisierung des Tageslaufs, die Gleichförmigkeit des Lebens, das Eingespanntsein in die berufliche Tretmühle, die Einsamkeit in den möblierten Zimmern großer Städte, daneben die Sehnsüchte nach Natur, Liebe, Familie, und ebenso die Aversionen gegen Vorgesetzte und Reiche, das Schwanken zwischen Aufbegehren und Resignation.

Dabei scheint Resignation zu überwiegen. Auf die im „Finale" aufgeworfene Frage „Hat das denn alles Sinn, genau genommen?" weiß Kurt Schmidt nur mit einem vagen Verweis auf die Zukunft zu antworten: „Denkt an die, die nach euch kommen."[326] Was aber bliebe dann für die Gegenwart? Nur malochen wie Kurt Schmidt?

Das Hörspiel ‚Leben in dieser Zeit' enthält sich jeden programmatischen Vorschlags für die Besserung der geschilderten Zustände. Es beschränkt sich auf die Deskription und versucht dabei allerdings deutlich zu machen, daß unter diesen Zuständen nicht nur einige wenige Menschen zu leiden haben. So verkündet Kurt Schmidt:

„Dieses Lied, das jetzt kommt, betrifft viele.
Und ich sing's sozusagen im Chor."

Kurz danach wird der Geltungsbereich erweitert:

„Dieses Lied, das jetzt kommt, betrifft die meisten.
Und ich sing's sozusagen im Chor (. . .)"

Schließlich antworten zwei Vertreter der „Majorität", von deren Leben Kurt Schmidts Chanson handelt:

> „Dieses Lied, das er singt, gilt ja uns allen.
> Und er singt's sozusagen im Chor."[327]

Damit ist die Funktion von Kästners Gedichten bezeichnet: Sie beschreiben die äußeren und inneren Befindlichkeiten des „Durchschnittsmenschen"[328] in der modernen Industrie- und Massengesellschaft: „Denn auch auf uns paßt der Name Schmidt", heißt es anderer Stelle in ‚Leben in dieser Zeit'.[329] Und zugleich ist damit auch die ideale und von Kästner mit allen ihm zur Verfügung stehenden Ausdrucksmitteln und Publikationsmöglichkeiten angestrebte Rezeptionseinstellung gegenüber dieser ‚Stellvertreterlyrik' benannt: Identifikationsbereitschaft, mit allen daraus sich ergebenden Konsequenzen: Mitleid, Solidarität, Hilfe.

IV. Der zeitkritische Roman ‚Fabian'

Kästners Roman ‚Fabian. Die Geschichte eines Moralisten' (1931) baute stilistisch und inhaltlich auf der zuvor verfaßten ‚Gebrauchslyrik' auf, und dies so direkt, daß Kästners Freund Robert Neumann in einem parodistischen Gedicht (in der Rolle des Autors) spottete:

> „Dagegen gibt es welche, die wollten meinen Roman lieber missen,
> weil er fast nur aus zu Prosa gewalzten Kästnergedichten besteht."[330]

Auch wenn man die implizite Abwertung oder gar Ablehnung des Romans als ‚Imitation' der Gedichte nicht teilen mag, der Befund ist richtig. Zu dem von Neumann parodierten Gedicht ‚Frau Großhennig schreibt an ihren Sohn' gibt es ein Pendant im 4. Kapitel des Romans; Fabians Bericht über sein Leben im 6. Kapitel entspricht ziemlich genau dem, was der Leser der Gedichtbände über den ‚Jahrgang 1899' erfahren hatte oder aus dem ‚Kurzgefaßten Lebenslauf' schon kannte. Weitere inhaltliche Parallelen zwischen Gedichten und Roman sind leicht ausfindig zu machen.[331]

Verstärkt wird die Affinität von Kästners Roman zu seinen Gedichten durch die Verwendung derselben pointenreichen und raffiniert montierten Sprache und durch den episodenhaften Aufbau des Werks. Die ohnehin schon kurzen Kapitel sind nämlich durch jeweils drei ‚Überschriften' in Geschehenssegmente unterteilt, die in vielen Fällen auch Stoff für ein Gedicht abgeben würden; man denke nur an das 2. Kapitel mit seinen potentiellen Gedichtüberschriften „Es gibt sehr aufdringliche Damen", „Ein Rechtsanwalt hat nichts dagegen" und „Betteln verdirbt den Charakter". Zweifellos ist für die rasche Szenenfolge, für den stakkatoähnlichen Rhythmus des Romans in erster Linie der Lyriker und Kabarettist Kästner ‚verantwortlich' zu machen, der eben einer aphoristischen Schreibweise und einem anekdotischen Erzählen entschieden mehr zuneigte als einem episch breiten Ausmalen von Zuständen und Geschehnissen. Möglicherweise aber schrieb Kästner den ‚Fabian' mit seinen vielen Szenenwechseln und ‚dramatischen' Interaktionen auch schon mit Blick auf das neue Medium Tonfilm, das die Romanciers der Zwanziger Jahre mehrfach anregte und zum Teil stark beeinflußte;[332] ein Jahr zuvor erst hatte Kästner ja sein erstes Drehbuch (für die Verfilmung von ‚Emil und die Detektive') geschrieben.

Aber der Roman ‚Fabian' zerfällt nicht in einzelne Episoden; kaum eine von ihnen wäre verzichtbar oder könnte an eine andere Stelle gesetzt werden. In der Wahrnehmung der politischen und sozialen Verhältnisse und in den daraus sich ergebenden Reaktionen der Hauptfigur ist ‚Fabian' ein genau durchkonstruierter Roman. Alle Ereignisse erscheinen in der einheitlichen Perspektive Fabians und wirken auf ihn zurück, modellieren sein Verhalten und seine Überzeugungen.

Diese fast totale Einheitlichkeit der Erzählperspektive hat zur Folge, daß zunächst einmal auch der Leser durch Fabians Augen wahrnimmt, was nach und nach geschieht, daß durch Fabians Urteil auch das Urteil des Lesers vorgeprägt wird, sofern nicht alsbald eine bewußte Distanzierung erfolgt. Und die ‚Gefahr' der unreflektierten Identifikation des Lesers mit der Hauptfigur wird noch gesteigert durch die augenblickliche Sinnfälligkeit von Fabians Feststellungen und durch den suggestiven Stil seiner Äußerungen. Es fällt schwer, sich dem Reiz seiner Desinvolture zu entziehen, zumal dahinter allzu deutlich das Bild des Autors Kästner aufzuleuchten scheint. Für den Kenner von Kästners Gedichtbänden und Biographie wird die Frage vordringlich, wie weit Fabians Betrachtungsweise der von Kästner entspricht, wie weit Fabians Moralität mit der von Kästner identisch ist, kurzum, ob in Fabian eine bloße Personifikation von Kästners eigenem Bewußtsein und von Kästners Antworten auf die Probleme seiner Zeit zu sehen ist.

Viele Indizien legen den Schluß nahe, daß Kästner in Fabian seine eigene Individualität zum Typus zu erheben versuchte. Biographische Details stimmen überein, Autor und Romanfigur haben ihre kleinbürgerliche Herkunft, ihre Mutterbindung und ihren Bildungsgang ebenso gemeinsam wie den Anspruch, Beobachter einer Krisenzeit zu sein.[333] Aber spätestens bei diesem letzten Vergleichspunkt ist ein wichtiger Unterschied auszumachen, auf den Dirk Walter hingewiesen hat: Der Kästner der Jahre vor 1933 setzte sich mit seinem Werk für jene ,Erziehung des Menschengeschlechts' ein, die Fabian im Roman von vornherein als aussichtlos abtut.[334] Im entscheidenden Punkt der gesellschaftlichen Praxis ist die Distanz zwischen Autor und Titelfigur unübersehbar. Fabian ist eine vom Autor Kästner deutlich unterschiedene Demonstrationsfigur. Der Autor bedient sich ihrer, um durch sie die Gesellschaft einer kritisch-satirischen Betrachtung zu unterziehen, setzt zugleich aber auch seine Demonstrationsfigur der Kritik aus. Diese Kritik ist zunächst einmal vom Leser selbst zu leisten, wobei er während des Romans keine Hilfestellung vom Autor etwa in Form kritischer Kommentare über das Verhalten der Titelfigur bekommt; im Gegenteil, alles wird getan, um die Sympathie des Lesers mit Fabian aufrechtzuerhalten und ihn scheinbar überall ins Recht zu setzen. Dann aber kommt der fatale Schluß, dem die letzte und zugleich wichtigste Kapitelüberschrift des Romans gilt: ,,Lernt schwimmen!" Was dies für das Verständnis des ganzen ,Fabian' bedeutet, wird noch genauer zu bedenken sein.

Für die vom Autor angestrebte Schau einer morbiden großstädtischen Gesellschaft fungiert Jakob Fabian sozusagen als ,,Kameramann",[335] als ,,Reporter" oder ,,Sonde",[336] als ein wie auch immer zu benennendes ,ästhetisches Vehikel'.[337] Dafür wurde Fabian von Kästner nicht nur mit einer beliebigen Neugierde ausgestattet,[338] sondern mit einem dezidierten Beobachterwillen,[339] dazu noch mit der nötigen ,Freizeit'. In Begleitung von Labude oder allein taucht Fabian in den unterschiedlichsten Milieus auf, sammelt Eindrücke, macht neue Bekanntschaften und wird in unerwartete Erlebnisse hineingezogen. Der von Wolfgang Kayser geprägte Terminus „Raumroman“[340] ist durchaus auch auf den ‚Fabian‘ anzuwenden. Im ‚Raumroman‘ werden verschiedene gesellschaftliche Spähren und Milieus erschlossen, wobei der ‚Held‘ vor allem als ‚Beobachter‘ fungiert und weniger handelt als vielmehr auf die Außenwelt reflektiert, ohne dabei seine Individualität entschieden zu verändern (im Sinne eines Entwicklungs- oder Bildungsromans). In der Tat macht auch Fabian kaum eine Entwicklung durch, bekommt gegen Ende des Romans von seinem einstigen Gymnasialdirektor bestätigt: „Sie sind noch immer der Alte“,[341] d. h. ein kritischer, unangepaßter und zum Widerspruch neigender junger Intellektueller.

Die Absicht, in einem – vergleichsweise schmalen – Roman möglichst viele Bereiche der großstädtischen Zivilisation ins Blickfeld zu bringen und zu zeigen, wie ein Moralist darauf reagiert, konnte nur auf Kosten der Breite der Darstellung verwirklicht werden. Die einzelnen Episoden folgen in raschem Wechsel aufeinander. Fabian hastet in einem fort, eröffnet Einblicke in die verschiedensten Lokalitäten und Verhältnisse, die weiter auszumalen und kritisch zu vertiefen der Phantasie und dem Räsonnement des Lesers überlassen bleibt. Beispielhaft dafür ist das 12. Kapitel, wo Fabian zunächst mit Cornelia badet, dann mit dem alten Erfinder frühstückt und dessen zeitkritische Äußerungen anhört, dann mehrere Arbeitsämter passiert, nur um gesagt zu bekommen, daß er noch nicht als Arbeitsloser gelten kann. Eingeflochten in die Beschreibung der Hetze durch die Arbeitsämter sind kurze Betrachtungen über die Existenz der Arbeitslosen: Beobachtungen über ihre äußere Erscheinung, über den Betrieb in den Arbeitsämtern, Lektüre amtlicher Mitteilungen, resignative oder sarkastische Äußerungen notleidender Arbeitsloser. Wie dieses 12. Kapitel ist fast der ganze Roman geprägt durch den Wechsel von Reflexion und illustrativem Geschehen. Meist bleibt es bei kurzen Situationsschilderungen oder Geschehensberichten, die dann von einer der Personen sozusagen kommentiert werden: schlagfertig und pointenreich, aber möglichst ungerührt oder unsentimental (worin Volker Klotz eine Reduktion der zeitgenössischen Großstadtdämonologien „zur postenreichen, aber säuberlichen Buchhaltung der Phänomene" sieht).[342] Ein gutes Beispiel für diese Erzähltechnik in ihrer kabarettistischen Leichtigkeit ebenso wie in ihrer sachlichen Fragwürdigkeit und intellektuellen Defizienz gegenüber den behandelten Phänomenen bietet das sechste Kapitel, wo Fabian und Labude einen Kommunisten und einen Nationalsozialisten, die sich bei einer Schießerei gegenseitig verletzt haben, beim dienstbereiten Arzt eines Krankenhauses abliefern: „Sie bringen mir zwei Politiker?" fragte er lächelnd. „Heute nacht sind insgesamt neun Leute eingeliefert worden, einer mit einem schweren Bauchschuß. Lauter Arbeiter und Angestellte. Ist Ihnen auch schon aufgefallen, daß es sich meist um Bewohner von Vororten handelt, um Leute, die einander kennen? Diese politischen Schießereien gleichen den Tanzbodenschlägereien zum Verwechseln. Es handelt sich hier wie dort um Auswüchse des deutschen Vereinslebens. Im übrigen hat man den Eindruck, sie wollen die Arbeitslosenziffer senken, indem sie einander totschießen. Merkwürdige Art von Selbsthilfe."[343]

Diese Erklärung des Arztes enthält einige aufschlußreiche soziologische Beobachtungen über die bewaffnete Auseinandersetzung zwischen Kommunisten und Nationalsozialisten, so die soziale Einordnung der Kontrahenten, den Hinweis auf die persönliche Feindschaft zwischen den politischen Gegnern und den Hinweis auf die Neigung der Deutschen, die Mitgliedschaft in einer Partei (wie in einem Verein) zu verabsolutieren und tätlich zu demonstrieren. Derlei Beobachtungen aber werden in Kästners Roman gleichsam mit der Nonchalance des Kabaretts geboten. Der Vorwurf, daß es sich dabei um Feststellungen eines verkürzten, oberflächlichen Blicks auf die sozialen und politischen Verhältnisse handelt oder um die wohlfeilen Formeln eines satirischen (und an der oben zitierten Stelle gar zynischen) Intellekts, der zu einer gründlichen politischen Analyse weder fähig noch willens ist, liegt nahe, sollte indessen nicht vorschnell erhoben werden. Kästner wollte in seinem Roman weniger analysieren als vielmehr beschreiben und durch die Art der Beschreibung oder Benennung der Phänomene provozieren. Diese Absicht bestimmt den Stil des Romans insgesamt und den Wortlaut einzelner Äußerungen innerhalb des Romans, die keinesfalls als unmittelbare Erklärungen Kästners aufgefaßt werden dürfen. Sie sind prinzipiell als Äußerungen von Romanfiguren zu behandeln und an ihrem spezifischen Ort innerhalb des Romans zu betrachten. Eine Bezugnahme auf den Autor wird dadurch so wenig unterbunden wie eine wertende Diskussion etwa nach den Kriterien historischer Stimmigkeit; beides gestaltet sich aber schwieriger, als angesichts der so einfachen Erzähltechnik und der vielen plakativen Äußerungen im bald vertraut klingenden ‚Kästner-Ton' zu erwarten ist.

Durch den raschen Situations- und Geschehenswechsel und die fast nur beiläufigen Kommentare und Räsonnements wird erreicht, daß Fabian in relativ kurzer Zeit die Hauptstadt der Weimarer Republik durchstreifen kann. Wie aber erscheint die Großstadt Berlin, durch die Augen dieses neugierigen und melancholischen Flaneurs betrachtet? Seine Eindrücke, für die neu zugereiste Cornelia (und für den unbefangenen Leser) prägnant formuliert: „Soweit diese riesige Stadt aus Stein besteht, ist sie fast noch wie einst. Hinsichtlich der Bewohner gleicht sie längst einem Irrenhaus. Im Osten residiert das Verbrechen, im Zentrum die Gaunerei, im Norden das Elend, im Westen die Unzucht, und in allen Himmelsrichtungen wohnt der Untergang."[344]

Was Fabian erlebt, sind demnach: Sexuelle Orgien, Ehekonflikte, alkoholische Exzesse, Kriminalität verschiedener Art, politisch motivierte Schießereien und Straßenschlachten, Elend und Luxus nebeneinander – Erfahrungen, die sich im 14. Kapitel zu einer makabren Untergangsvision verdichten. Diese hebt den Roman ‚Fabian' weit über den Rang eines platt ‚neusachlichen' Zeitgemäldes hinaus (und dürfte von jenen Kästner-Kritikern, die aufs Visionäre so erpicht sind, wohl einmal gewürdigt werden), macht ihn zu einem ebenso beklemmenden wie authentischen Dokument existenzieller Ängste in einer hoffnungslos erscheinenden gesellschaftlichen Krise.

Wurde oben gesagt, daß Kästner in seinem Roman keine tiefgreifende Analyse der Krise der Weimarer Republik versuchte, so ist doch festzustellen, daß er eine Bestandsaufnahme der Krisensymptome leistete. Sein Interesse konzentrierte sich dabei freilich auf die von Fabian repräsentierte Gruppe der ökonomisch ungesicherten und politisch nicht parteigebundenen Intelligenz (der Kästner realiter auch angehörte). Im Roman ,Fabian' schildert Kästner vor allem die Krisenerfahrungen dieser Gruppe und reflektiert ihre Reaktionsweisen und Reaktionsmöglichkeiten im privaten wie im politischen Bereich. Insofern kann Hilde Spiel nur zugestimmt werden, wenn sie den ,Fabian' als das „Spiegelbild einer Generation" bezeichnet, darüber hinaus als einen für die Jahre vor 1933 höchst politischen und als einen bis heute höchst lehrhaften Roman.[345] Freilich: Seine Lehrhaftigkeit beruht auf der Vorführung von Negativexempeln, von scheiternden Versuchen der politischen und persönlichen Krisenbewältigung.

Kästner stellt in seinem Roman eine Skala typisierter Verhaltensweisen vor,[346] die allesamt Fluchtcharakter aufweisen: Die Zeitungsredakteure Münzer und Malmy passen sich zwar äußerlich den Umständen an und erfüllen ihre Funktion im Betrieb, distanzieren sich aber innerlich so sehr von den politischen Inhalten ihrer journalistischen Arbeit, daß es fast gerechtfertigt erscheint, von Schizophrenie zu sprechen. Der Erfinder entzieht sich dem Prinzip des technischen Fortschritts und den damit verbundenen Profitinteressen durch sein Pendeln zwischen Vagantentum und Irrenhaus, durch Verweigerung seiner ökonomisch nutzbaren genialen Fähigkeiten. Labude initiiert zwar eine politische Reformbewegung, widersetzt sich aber nicht den ersten negativen Erfahrungen im politischen Bereich und den Verunsicherungen seines Privatlebens und seiner beruflichen Karriere, wählt vielmehr den Ausweg des Selbstmords. Zwischen diesen Positionen der Anpassung, der Verweigerung und der totalen Negation bewegt sich Fabian: nicht genau fixierbar, weil noch nicht festgelegt, sondern noch mit der Bestandsaufnahme beschäftigt, noch auf der Suche nach einer verantwortbaren, nach einer ‚moralischen' Haltung, nach einer Möglichkeit eines konstruktiven Beitrags zur Bewältigung der Krise.

Die Redakteure, der Erfinder, der Freund Labude und einige weitere, nur am Rand auftauchende Personen fungieren als Kontrast- oder Komplementärfiguren zu Fabian. In der Auseinandersetzung mit ihnen gewinnt Fabian als Zentralgestalt des Romans an Kontur, vor allem dadurch, daß er gezwungen wird, seine von ihm als „vorläufig" bezeichnete Beobachterhaltung[347] zu rechtfertigen. Die manchmal aggressiv nach außen gerichtete, manchmal selbstquälerisch nach innen gewendete Apologie seiner politischen Passivität durchzieht den ganzen Roman und macht ihn zu einem – freilich tendenziösen und zum Teil satirisch eingefärbten – Abriß der politischen Diskussion innerhalb der Intelligenz in den Krisenjahren der Weimarer Republik. Besonders aussagekräftig sind dafür die Szenen in der Zeitungsredaktion (3. Kapitel), die Auseinandersetzungen mit Labude (5., 8., 18., 19. und 21. Kapitel), die Konfrontation schließlich mit den rechtsreaktionären Schulkameraden (23. Kapitel). Im Aufbau des Romans sind diese Episoden konsequent aufeinander folgende Stufen der kritischen Reflexion auf Fabians politische Abstinenz und auf seine intellektuelle und moralische Vereinsammung in einer Welt und Gesellschaft, die von ihm als entfremdete begriffen werden und ihm – außer den mehrmals erwähnten oder auftauchenden Kindern – keinerlei Ansatzpunkte für eine auf Versöhnung zielende Aktivität zu bieten scheinen.

Die Nachzeichnung von Fabians ‚moralistischem' Weg durch die gesellschaftlich-politische Krise wird eingeleitet durch die Darstellung korrumpierter Intelligenz, von der sich Fabian uneingeschränkt positiv abhebt. Bei seinem Besuch auf der Zeitungsredaktion beobachtet er mit deutlich artikuliertem Mißmut die „Indolenz" des rein pragmatisch denkenden und aus Geschäftsinteressen zum politischen Mitläufertum bereiten

Redakteurs Münzer,[348] dann den hemmungslosen politischen Opportunismus des Redakteurs Malmy, der seinen Gewissenskonflikt mit Alkohol zu lösen versucht.[349] Die Erfahrungen im Redaktionsbüro und am Journalistenstammtisch sind für Fabians weiteres Verharren in der Passivität entscheidend, und dies in zweifacher Hinsicht: In Fabian verfestigt sich die Überzeugung, daß es angesichts der Korruptheit der kritischen und meinungsbildenden Intelligenz und angesichts der tatsächlichen Kompliziertheit der ökonomisch-politischen Situation keine rasche Bewältigung der Krise geben kann. Diese Überzeugung bestärkt ihn in seiner Absicht, ein Arrangement mit der schlechten Realität zu umgehen, statt dessen seinen Begriffen von Moralität treu zu bleiben und auf eine langfristige Besserung des Menschen zu setzen. Unmittelbar wirksam werden diese Erfahrungen und Überzeugungen in Fabians späterer Aversion gegen eine journalistische Betätigung, und es verdeutlicht den Stellenwert der Auseinandersetzung Fabians mit den beiden Redakteuren, wenn kurz vor dem Ende des Romans noch einmal an „Münzer und Konsorten" erinnert wird: als Fabian sich trotz seiner prekären Lage gegen die Mitarbeit an einem „rechtsstehenden" Provinzblatt entscheidet.[350] (Daran zeigt sich im übrigen beispielhaft, wie einzelne Beobachtungen Fabians, die zunächst als zufällige Wahrnehmungen erscheinen mögen, sozusagen subkutan wirksam bleiben und in entscheidenden Momenten sein weiteres Verhalten motivieren.)

Eine genauere Beschreibung von Fabians Standpunkt und eine erste Problematisierung seiner Haltung erfolgt bald nach der Begegnung mit den Redakteuren im Gespräch mit dem politisch noch ambitionierten Labude. (Daß dieses Gespräch nicht nur auf die Apologie von Fabians Haltung hinausläuft, sondern sie auch der Kritik aussetzt, sei vorweg schon angemerkt.) In dieser Diskussion bekennt sich Fabian zunächst zu seiner Passivität und erklärt sie als Reaktion auf die Sinnlosigkeit der Welt: „Wo ist das System, in dem ich funktionieren kann? Es ist nicht da, und nichts hat Sinn."[351] Dann, von Labude mit dem Vorwurf der „Indolenz" bedacht (wie kurz zuvor der Redakteur Münzer) und mit der Frage nach dem Sinn seiner Beobachterhaltung konfrontiert, geht Fabian zur Destruktion der politischen Pläne Labudes über, tut dessen Anstrengungen für die Sammlung des Kleinbürgertums, die Kontrolle des Kapitals, die Einbürgerung des Proletariats und die Errichtung eines Kulturstaats mit der apodiktischen Bemerkung ab, daß der Mensch für einen solchen ‚paradiesischen' Zustand nicht reif sei: „Und ich sage dir: Noch in deinem Paradies werden sie sich die Fresse vollhauen! Davon abgesehen, daß es nie zustande kommen wird ..."[352]

Fabians negative Wirklichkeitserfahrungen, die sich zu einer pessimistischen Anthropologie verdichtet zu haben scheinen, wenden sich – mit sarkastischem Hohn – gegen jegliche gesellschaftspolitische Programmatik; mit dem Verweis auf die Schlechtigkeit des Menschen wird die Möglichkeit einer versöhnten und harmonischen Gesellschaft von ihm noch mehrmals bestritten.[353] Auf den denunziatorischen Charakter von Fabians Argumentation, die durch die Behauptung der Unverbesserlichkeit des Menschen und der Welt jeden Wunsch nach gesellschaftlicher Veränderung und Versöhnung des naivsten Utopismus bezichtigt, hat Lethen zu Recht hingewiesen.[354] Und Fabians Haltung wird auch dadurch nicht überzeugender, daß er entgegen seiner pessimistischen Anthropologie doch noch eine Besserungsfähigkeit des Menschen feststellen möchte, um daran vage Hoffnungen für die fernere Zukunft zu knüpfen: „Ich weiß ein Ziel, aber es ist leider keines. Ich möchte helfen, die Menschen anständig und vernünftig zu machen. Vorläufig bin ich damit beschäftigt, sie auf ihre diesbezügliche Eignung hin anzuschauen."[355] Dies ist die schiere Paradoxie, die nicht die eingenommene Beobachterhaltung begründen kann, wohl aber die Negation jeder gesellschaftlichen Praxis legitimieren soll.

Paradoxien finden sich in Kästners Werk häufig und sind mehr als nur Stilmittel zur Inszenierung von billigen Überraschungseffekten, dienen auch nicht nur dazu, die toten „Gärten der Gefühle" „mit Witzen" zu bepflanzen, wie es im ‚Kurzgefaßten Lebenslauf' heißt.[356] Die Paradoxie des letzten Verses ist von bitterem Hintersinn: ,,Ich kam zur Welt und lebe trotzdem weiter." Von ähnlichem Hintersinn, allerdings positiv-programmatisch, ist ein Vers aus dem Gedicht ,Und wo bleibt das Positive, Herr Kästner?', in dem es heißt, man müsse sich daran gewöhnen, ,,gescheit und trotzdem tapfer zu sein".[357] In beiden Fällen verweist die Paradoxie auf die Erfahrung einer entfremdeten und widervernünftigen Welt, letztlich auf Kästners Außenseiterbewußtsein;[358] zumindest im letzten Vers aber erscheint Paradoxie auch als eine – für Kästner typische – Denkform der Unangepaßtheit, des Widerstands gegen einschüchternde oder resignativ stimmende Erfahrungen von Welt und Gesellschaft. Dieses auf eine positive Praxis zielende Moment des Protestes fehlt in Fabians Paradoxien, die nur dazu angetan sind, die Möglichkeit sinnvollen Handelns zu negieren.

Durch die Negativität seiner Weltsicht und durch die Intensität seines Krisenbewußtseins, die als Resultat einer wiederholten Krisenerfahrung erscheint (Trauma des Ersten Weltkriegs),[359] wird Fabian der Hoffnung auf eine bessere Zukunft weitgehend und des Glaubens an Sinn und Möglichkeit politischen Planens und Handelns völlig beraubt. Sein Verhältnis zu Gegenwart und Zukunft ist gebrochen, weist keinerlei positive Erwartungen auf. Als wieder einmal – an dieser Stelle von Cornelia – die zentrale Frage des Romans gestellt wird: ,,Aber was soll man tun?", antwortet Fabian (wiederum mit einer an Paradoxien reichen Erklärung seines Standpunkts): ,,Wer ein Optimist ist, soll verzweifeln. Ich bin ein Melancholiker, mir kann nicht viel passieren. Zum Selbstmord neige ich nicht, denn ich verspüre nichts von jenem Tatendrang, der andere nötigt, so lange mit dem Kopf gegen die Wand zu rennen, bis der Kopf nachgibt. Ich sehe zu und warte. Ich warte auf den Sieg der Anständigkeit, dann könnte ich mich zur Verfügung stellen. Aber ich warte darauf, wie ein Ungläubiger auf Wunder."[360]

Diese Stelle darf als die bündigste und wichtigste Äußerung Fabians über sich selbst betrachtet werden, zugleich als eine

Schlüsselstelle für das Verständnis des ganzen Romans. Bemerkenswert ist vor allem, daß an dieser zentralen Stelle der Begriff des ‚Moralisten', der durch den (zweiten) Untertitel des Romans so sehr herausgestellt wird, keine Verwendung findet. Fabian versteht sich vielmehr als „Melancholiker" und erklärt die Melancholie zur einzig adäquaten Einstellung gegenüber der Welt und der Geschichte. Auf die Erfahrung einer Gesellschaft, die in ihrer – idealiter angenommenen – harmonischen Ordnung gestört ist, reagiert der Melancholiker nicht mit neuen Ordnungsentwürfen und entsprechenden reformerischen oder revolutionären Aktivitäten, sondern zieht sich auf die Position des passiven Betrachters zurück. Über der Wahrnehmung der Krisenphänomene und über der Projektion des Untergangs verfällt der Melancholiker in Trauer und Schwermut, scheint aus der Trauer jedoch Existenzberechtigung und aus der Schwermut noch Lebensgenuß zu ziehen. (Walter Benjamin hat diese Befindlichkeit in seiner Polemik gegen Kästners Gedichte pointierter beschrieben und – die Distanz zwischen Werk und Autor negierend – in unzulässiger Weise auf Kästner selbst bezogen; Helmut Lethen folgte ihm in beidem.)[361]

Indessen scheint der Begriff des ‚Melancholikers' zur Beschreibung von Fabians Verhalten noch nicht ausreichend zu sein. Seine Vorliebe, dahin zu gehen, wo er nicht hingehört,[362] seine Neigung, sich in allen möglichen zweifelhaften Lokalitäten genau dem auszusetzen, was er verabscheut und als beängstigend empfindet, sind als masochistisch zu bezeichnen (und Masochismus ist hier als Bezeichnung für die Ambivalenz des schon mehrmals angesprochenen Außenseitergefühls zu verstehen, für die schmerzhafte Lust dessen, der von einer Sache fasziniert ist und zugleich abgestoßen wird). Ausdruck dieser masochistischen Neigung ist Fabians sarkastischer, bisweilen zynischer Witz: Er ist nicht nur Eingeständnis der Ohnmacht gegenüber der schlechten Wirklichkeit, sondern will aus dem Leiden daran wenigstens noch ein Quantum intellektueller Lust schlagen und den Eindruck souveräner Gelassenheit oder Unempfindlichkeit auch noch angesichts des eigenen wie des fremden Untergangs vermitteln. Auf die negativen Implikationen dieses Witzes hat Lethen zu Recht hingewiesen: Er erübrigt die Suche nach realistischen Möglichkeiten der Hilfe, der Veränderung der Zustände, und er schützt davor, die Beobachterhaltung zugunsten praktischer Anstrengungen aufgeben zu müssen.[363] Fabians Witz ist nicht Indiz für mangelnde Sensibilität, sondern Ausdruck des Versuchs, die ganz entschieden vorhandene Neigung zum Leiden und zum Mitleiden einzuschränken und zu ventilieren, noch bevor der Leidensdruck so groß wird, daß er praktische Maßnahmen erzwingt.

Auf die Rechtfertigung einer solchermaßen inszenierten Flucht vor der notwendigen gesellschaftlich-politischen Praxis läuft auch die häufige Verwendung von Krankheitsmetaphern hinaus. Wenn der Redakteur Malmy den „Erdball" an „Paralyse" leiden sieht,[364] wenn der Arzt dem „Kontinent" den „Hungertyphus"[365] und der Erfinder dem „Globus" die „Krätze"[366] attestieren, so suggerieren diese Vergleiche, daß die Gesellschaft einen Zustand des Unheils erreicht hat, in dem der Mensch machtlos und eine wirksame ‚Therapie' nicht mehr möglich ist.[367] Da sich aber jede Hoffnung auf eine Rettung durch planvolles menschliches Handeln zu verbieten scheint, bleibt nur noch die – wiederum masochistisch zu nennende – Erwartung einer quasi-kosmischen Katastrophe, wie sie der Redakteur Malmy mit meteorologischer Metaphorik beschwört: „Wenn in so eine Welt kein Blitz fährt, dann können sich die historischen Witterungsverhältnisse begraben lassen."[368] Die auch von Fabian geteilte Ansicht, einem unaufhaltsam auf die Katastrophe zusteuernden geschichtlichen Prozeß ausgeliefert zu sein, wirkt sich nicht nur im politischen, sondern auch im privaten Bereich als Grund für Passivität und Resignation aus. Die hoffnungsvoll begonnene Bekanntschaft mit Cornelia läuft dem zwar zunächst zuwider; letztlich aber intensiviert sie gerade durch ihre idyllischen Züge nur Fabians Krisengefühl und beschleunigt – in ihrem Scheitern verschränkt mit der beruflichen Misere – seine völlige Resignation.

Vor dem Hintergrund der vorangehenden Milieuszenen und Gespräche über den „Warencharakter der Liebe"[369] entfaltet sich die Bekanntschaft zwischen Fabian und Cornelia als eine geradezu romantische und reine, durch keinerlei materielle Interessen oder psychische Not erzwungene Liebesbeziehung zweier vorgewarnter, ja schon leicht verletzter Menschen. Freude und Schabernack der ersten Liebesnacht machen die negativen Erfahrungen der Vergangenheit und die schlimmen Eindrücke aus dem Milieu vergessen, steigern sich zu einer momentanen Idylle privaten Glücks, um dann – mit exemplarischer Schnelligkeit – in den Sog der alles defomierenden ökonomischen Krise zu geraten. Der Aufbruch zu einem neuen Leben wird am anderen Morgen durch die Entlassung Fabians jäh aufgehalten; Cornelias eigene Karrierewünsche bedeuten für Fabian das Ende der Verbindung und das Ende auch seines Versuchs, Verantwortung zu übernehmen.[370] Die Sehnsucht nach familiärem Glück, die Fabian sich gestattete, verkehrt sich in einen Angsttraum.

In Fabians Traum[371] werden zunächst die vorausgehenden Beobachtungen und Erfahrungen zum surrealistischen Bild einer dekadenten Gesellschaft überhöht, wie sie vergleichbar auch in manchen Gemälden von Otto Dix erscheint. Allein und bedürftig hastet Fabian durch die leeren Straßen einer unermeßlichen Stadt, deren Häuser weder Fenster noch Türen haben. Ihre Bewohner entziehen sich der Kommunikation, bis Fabian unter Führung seines plötzlich auftauchenden Erfinder-Freundes durch ein ebenso plötzlich sich öffnendes Tor Einlaß findet, nach Auskunft seines Führers ins „Irrenhaus"[372] – ein deutlicher Reflex auf Fabians oben zitierte Beschreibung der heruntergekommenen Großstadt Berlin. Was ihn erwartet, ist die Anschauung der geheimen Ängste und Sehnsüchte der Gesellschaft, einschließlich seiner eigenen. Dies wird gleich zu Beginn deutlich. Fabians früherer Vorgesetzter, Direktor Breitkopf, erscheint hier – doppelt gedemütigt – als einfacher Portier und dazuhin von der Sorge gequält, daß die Sekretärin ein Kind von ihm bekomme. Als der Erfinder ihn mit dem Regenschirm aufspannt und wie einen Ballon platzen läßt, geht ein Angestelltentraum in Erfüllung: „Verbindlichen Dank", sagt Fabian.[373] Doch Breitkopf fungiert nur als erster Exponent einer Gesellschaft, die sich nun in ihrem wahren Wesen offenbart und ihrem unvermeidlichen Schicksal entgegengeht.

Die Menschen dieser Gesellschaft sind Produkte industrieller Fertigung, ohne Identität und Selbstbestimmung. Ihre Selbstentfremdung wird durch die Vorgänge auf dem horizontalen Spiegel ansichtig. Die von den Winkenden signalisierte Bekanntschaft oder Übereinstimmung mit ihrem gespiegelten Selbst ist nur äußerlich, scheinhaft; die Versuche anderer, vor sich zu fliehen oder sich ein Ende zu machen, scheitern. Solchermaßen erscheint der Zustand der Selbstentfremdung als hoffnungslos und unentrinnbar – außer für den Erfinder, der sich hier wie in seinem ‚realen' Leben dem Außenzwang entziehen kann, Merkmale seiner Identität bewahrt und sich gleichsam in seinen Freund und Helfer Fabian rettet. Fabian nämlich wohnt all den makabren Geschehnissen als Beobachter bei.

Die Menschen auf der Spiegelfläche versinken mit lautlosem Aufschrei, und als Fabian ihrer wieder gewahr wird, sind sie – durch eine gläserne Platte von Fabian getrennt – in einer hemmungslosen, geradezu tierisch pervertierten Sexorgie begriffen. Durch Details als Reflex auf Fabians frühere Erlebnisse ausgewiesen, wird sie zum abstoßenden Bild einer brutal sich auslebenden sadomasochistischen Gesellschaft. Hier taucht nun auch Cornelia auf, zusammen mit dem Filmfabrikanten Makart, der ihr – in vieldeutig-schrecklicher Symbolik – „mit der einen Hand den Mund aufsperrte und mit der anderen seine brennende Zigarre, mit der Glut voran, in den Mund stoßen wollte". Beim Anblick dieser Szene wird Fabian von der ebenfalls anwesenden Irene Moll aufgefordert, Cornelia zu Hilfe zu eilen: „Aber du hast Angst, das Glas zwischen dir und den anderen könnte zerbrechen. Du hältst die Welt für eine Schaufensterauslage."[374] Daß diese treffende Charakterisierung von Fabians Einstellung gegenüber der Welt gerade von seiner nymphomanen ‚Verfolgerin' kommt, ist kein Zufall. Öfter als alle anderen wirbt diese Lebedame um Fabian und wird von ihm immer wieder zurückgewiesen; deutlicher, auch schmerzlicher als alle anderen bekommt sie gleich bei ihrer ersten Begegnung mit Fabian[375] das Mißverhältnis, ja den Widerspruch zu spüren, der zwischen Fabians Neugier und seiner Berührungsangst, zwischen seinem Beobachterwillen und seiner Aktionsunlust oder -unfähigkeit besteht.

Indem Irene Moll dies benennt, liefert sie jedoch nicht nur eine Formel für Fabians Charakter. Vielmehr impliziert die Metapher von der Welt als Schaufensterauslage eine grundsätzliche Kritik an dem von Fabian verkörperten Prinzip des nur beobachtenden, den direkten Kontakt und das praktische Engagement aber ängstlich vermeidenden Moralismus. Dieser taugt, wie das folgende Traumgeschehen gleich zeigt, nur zur Selbstbewahrung in der Flucht, bekümmert sich allenfalls noch um die Rettung der engsten Freunde und – bezeichnend für Kästner – der Kinder, liefert aber keinerlei Impulse für das ordnende Eingreifen in die gesellschaftlichen Auseinandersetzungen. Im Traum wie im ‚realen' Leben hat Fabian für die erwachsenen, verantwortlichen Akteure und Opfer des heuchlerischen und mörderischen gesellschaftlichen Verteilungskampfs, der in der Endphase des Traums symbolisiert ist, nur einige zynische Kommentare übrig: „Um die ist es nicht schade", sagte Fabian.[376] Fabians Traum ist mithin entlarvend nicht nur für die geschilderte Gesellschaft, sondern auch für ihren in der Passivität verharrenden Beobachter.

Für die Geschichte Fabians kennzeichnet der Alptraum die Peripetie. Konnte Fabian bei all seinen Beobachtungen und Erfahrungen zuvor Gelassenheit bewahren und seiner Situation noch positive Aspekte abgewinnen, so wird er durch die Erlebnisse nach dem Traum empfindlicher getroffen. Wie Fabians Traum frühere Erlebnisse rekapitulierte, so werden im folgenden Geschehen die für Fabian bedrückendsten Schreckensbilder realisiert: die ‚Selbstauslieferung' Cornelias an die kompromittierende Karriere beim Filmmagnaten Makart und Labudes Tod.

Cornelia in ihrer Unterwerfung unter die Gesetze des Markts wie auch Labude in seiner reformerischen Auflehnung gegen die Depravation der Gesellschaft schlagen einen Weg ein, der wegführt von Fabians masochistischer und selbstgerechter Beobachterhaltung. Labude, obwohl er finanziell sorgenfrei leben könnte, bindet seine Existenz an die Verwirklichung seiner Moralität im gesellschaftlichen Rahmen; Cornelia sucht Überlebenschancen und Erfolg in einem – wie sie glaubt – notwendigen und vorübergehenden Verzicht auf moralische, psychische und physische Empfindlichkeiten: „Man kommt nur aus dem Dreck heraus, wenn man sich dreckig macht. Und wir wollen doch heraus!“[377]

Wenn Fabian beide scheitern sieht: den Freund wegen der privaten, politischen und – vermeintlichen – beruflichen Mißerfolge,[378] die Geliebte als „unglückliche Frau, der es gut geht“,[379] so erfährt er zugleich die Insuffizienz seines eigenen Verhaltens. Fabians Passivität erweist sich als ausreichend nur für die Bewahrung der eigenen moralischen Unversehrtheit. (Andere ‚Krisenromane‘ aus den Jahren um 1930 zeigen die typischen und kompromittierenden Auswege: beruflich die völlige Auslieferung und Anpassung an die Karriere, politisch das Mitläufertum in einer Partei, und wo beides nicht möglich oder einträglich genug ist, die Ausbeutung einer Frau, die als Prostituierte Geld ‚anschaffen‘ muß: Für Fabian zeichnen sich alle diese Möglichkeiten auch ab.) So sehr die Bewahrung der eigenen moralischen Integrität als Vorzug Fabians erscheinen mag, so deutlich wird doch auch, wie wenig hilfreich und akzeptabel seine Haltung für andere ist. Wo Moralität zur Berührungsangst wird, wo sie das berufliche und politische Engagement von vornherein ängstlich verhindert, kann sie zur Bewältigung der anstehenden Probleme im gesellschaftlichen Rahmen nichts beitragen. Sie läuft, wie Lethen zu Recht herausgestellt hat, auf eine rein privatistische „Überlebenstechnik“ hinaus.[380]

Fabians Entlassung, Cornelias Weggang und Labudes Selbstmord folgen zeitlich dicht aufeinander und tragen zu Fabians

Verzweiflung gleichermaßen bei. Er bleibt allein zurück (mit der formalen Konsequenz, daß sich der episodische Charakter des Romans in der zweiten Hälfte verliert zugunsten einer stärkeren Konzentration auf die Titelfigur, die sich nun immer länger über ihre Existenzproblematik äußern kann). Die Großstadt, so faszinierend sie für den geselligen Fabian zuvor war, wird für den allein gelassenen – wie in seinem Traum – plötzlich zum fremden, beziehungslosen Ort: „Eine unsichtbare gespenstische Schere hatte sämtliche Bande, die ihn an diese Stadt fesselten, zerschnitten. Der Beruf war verloren, der Freund war tot, Cornelia war in fremder Hand, was hatte er hier noch zu suchen?“[381]

Mit der Absonderung von der Arbeitswelt und mit der Zerstörung der persönlichen Beziehungen hat Fabians existenzielle Not ihren kritischen Punkt erreicht. Im Bewußtsein, daß seine ängstliche Moralität für das Leben in der modernen Gesellschaft, deren Widersprüche und Deformationen in der Großstadt am deutlichsten sichtbar werden, unzureichend ist, flieht Fabian in die heimatliche Provinzstadt. Wenn er aber dort, bei der Mutter, im Elternhaus, an den Stätten seiner Kindheit, Selbstvergewisserung und eine neue Lebensbasis sucht, so sieht er sich in seinen Hoffnungen getäuscht. Die gesellschaftliche Krise ist auch in der Provinz zu spüren, nicht als „Fieber“ zwar, wohl aber als „Untertemperatur“,[382] und die bekannten Überlebensprobleme stellen sich dem ängstlichen Moralisten aufs Neue, ja fast noch beklemmender. Als äußerste Konsequenz erwägt Fabian, sich mit dem von Labude geerbten Geld in die Abgeschiedenheit des Erzgebirges zurückzuziehen: „Bis Fabian wiederkehrte, war die Welt einen Schritt vorangekommen, oder zwei Schritte zurück. Wohin sie sich auch drehte, jede andere Lage war richtiger als die gegenwärtige. Jede andere Situation war für ihn aussichtsreicher, ob es Kampf galt oder Arbeit. Er konnte nicht mehr danebenstehen wie das Kind beim Dreck. Er konnte noch nicht helfen und zupacken, denn wo sollte er zupacken, und mit wem sollte er sich verbünden? Er wollte in die Stille zu Besuch und der Zeit vom Gebirge her zuhören, bis er den Startschuß vernahm, der ihm galt und denen, die ihm glichen. (...) Aber war das nicht Flucht, was er vorhatte? Fand sich für den, der handeln wollte, nicht jederzeit und überall ein Tatort? Worauf wartete er seit Jahren? Vielleicht auf die Erkenntnis, daß er zum Zuschauer bestimmt und geboren war, nicht, wie er heute noch glaubte, zum Akteur im Welttheater?"[383]

Diese Überlegungen bezeichnen den Punkt eines möglichen Umschlagens von Fabians zuwartender Passivität in eine zielgerichtete gesellschaftliche Praxis. Diesmal unabhängig von äußeren Anlässen (wie während der kurzen Verbindung mit Cornelia) ist für Fabian der Zeitpunkt gekommen, an dem er sich der eigenen Identität wegen über seine wahren Ziele Klarheit verschaffen muß und diese nur bekommen kann durch die bewußte Entscheidung, weiterhin „Zuschauer" zu bleiben oder sich nun doch als „Akteur" zu versuchen.

Wofür entscheidet sich Fabian? Der Schluß des Romans hält für den Leser keine klare Antwort bereit, sondern – in seiner gleichsam epigrammatischen Kürze zumal – eine meisterhaft inszenierte Verunsicherung. Kurz nach seinen selbstkritischen Überlegungen über den richtigen Ort und Zeitpunkt des Handelns sieht Fabian nämlich einen kleinen Jungen auf dem Geländer einer Brücke balancieren, dann mit einem gellenden Schrei in den Fluß stürzen:

> „Fabian beugte sich über das breite Geländer. Er sah den Kopf des Kindes und die Hände, die das Wasser schlugen. Da zog er die Jacke aus und sprang, das Kind zu retten, hinterher. (...)
>
> Der kleine Junge schwamm heulend ans Ufer.
>
> Fabian ertrank. Er konnte leider nicht schwimmen."[384]

Einerseits erscheint dieser Schluß als gut motiviert: durch Fabians prinzipielle Hilfsbereitschaft, durch seine mehrmals demonstrierte Zuneigung zu Kindern, durch seinen neu erwachten Aktionsgeist. Andererseits sind in der Schilderung Momente der pragmatischen Verunsicherung eingebaut: Einen Augenblick weiteren Beobachtens, und der Nichtschwimmer Fabian hätte bemerkt, daß ,,die Hände, die das Wasser schlugen", die eines Schwimmers waren, der keiner Hilfe bedurfte; statt dessen eine Übereilung, die – ob wahrscheinlich oder unwahrscheinlich für einen Nichtschwimmer – jedenfalls als kurzsichtiger Aktionismus gedeutet werden muß.

Die genau konstruierte und gewollte Paradoxie dieses Schlusses verleiht dem Geschehen den Charakter eines allegorischen Vorgangs, der einer lehrhaften Ausdeutung unterzogen werden muß. Eine Legitimation dafür liefert auch die letzte Kapitelüberschrift des Romans, die zugleich die einzige ist, in der die durchweg neutrale Erzählweise des personalen oder Er-Romans zugunsten eines direkten Appells an den Leser durchbrochen wird: ,,Lernt schwimmen!"[385] Nur romanintern pragmatisch betrachtet und wörtlich genommen, liefe dieser ,Nachruf' des Autors für seinen ,geopferten' Helden auf blanken Zynismus hinaus. Sinn gibt diese letzte und erzähltechnisch herausgehobene Überschrift erst dann, wenn sie als Rezeptionsanweisung verstanden wird, als Aufforderung an den Leser, aus dem – negativen – Exempel des ,untergegangenen' Helden die notwendige und positive Lehre für die Zukunft zu ziehen. Zu diesem Zweck muß die lehrhafte Distanz zwischen dem Autor und seinem Helden signalisiert, und muß die möglicherweise entstandene Identifikation zwischen Leser und Titelfigur zerstört werden. Genau darauf zielt der zynische Beiklang der letzten Überschrift (abgesehen davon, daß er auch die – nach Lethen – ,,nicht mehr erträgliche Larmoyanz" des Romans[386] entschieden stört).

Um so auffälliger ist freilich auch die inhaltliche Unbestimmtheit dieses Lernaufrufs, wenn er für das gesellschaftlich-politische Leben geltend gemacht werden soll. Was hieße da ,,Lernt schwimmen"? Liefe das auf die Übernahme jener privatistischen und opportunistischen ,,Überlebenstechniken" hinaus, die in Fabians Verhalten angelegt sind, und für die der Roman – nach Lethen – ,,Reklame" macht?[387] Gegenüber dieser Deutung ist Skepsis angebracht schon allein aufgrund der Tatsache, daß eben der Held nicht überlebt, sondern untergeht, und daß der Autor eben daraus seinen Lernaufruf ableitet.

Kästners Roman entzieht sich einer Antwort auf die Frage, was „schwimmen" in einer gesellschaftlich-politischen Krisensituation bedeutet: mit dem Strom oder gegen den Strom. Der Schluß des Romans, wiederum allegorisch-lehrhaft begriffen und auf die Krisensituation angewendet, ist geeignet, die Deutungsproblematik dieses Romans zu veranschaulichen: „Schwimmen" ist da die Voraussetzung für das eigene Überleben *und* für die (beabsichtigte) Rettung anderer, muß mithin als ein positiver Begriff aufgefaßt und als eine ‚Technik' verstanden werden, die nicht nur das eigene Überleben sichert, sondern auch das von anderen.

Aber auch damit ist zur inhaltlichen Klärung des Begriffs „Schwimmen" in einer gesellschaftlich-politischen Krisensituation (geschichtlich in der von 1929–1933) noch nicht viel beigetragen, und Kästners Roman bietet auch keine positiven Ansatzpunkte für eine genauere inhaltliche Bestimmung. Was er vorführt, von den angepaßten Redakteuren Münzer und Malmy über den sich verweigernden Erfinder und den resignierenden Labude bis hin zu Fabian selbst, sind Beispiele der Selbstentäußerung oder des Scheiterns. Eine positive Identifikationsfigur, deren politischer Standpunkt als aussichtsreich für die Bewältigung der Krise akzeptiert werden könnte und deren moralisches Verhalten als uneingeschränkt vorbildlich gelten dürfte, fehlt in dem Roman. Der Moralist Kästner beschränkte sich auf eine satirisch eingefärbte Benennung der Krisenphänomene und eine bisweilen surrealistisch überhöhte Dokumentation des Krisenbewußtseins, lieferte jedoch keine Handlungsrezepte und Verhaltensnormen. Wenn dies ‚Perspektivenlosigkeit' ist,[388] so ist darin jedoch nicht nur eine Schwäche oder Fragwürdigkeit des Romans zu sehen, sondern auch seine subjektive Ehrlichkeit und seine objektive zeitgeschichtliche Authentizität. Die gesellschaftlich-politische Krise wird in Kästners Roman weder zu einem politisch sicher lösbaren Problem verkleinert (wenn man nur dem richtigen Parteiprogramm folgen würde), noch zu einer individuellen Angelegenheit verkürzt, die man über einem für Fabian persönlich ‚befriedigenden' Schluß wieder hätte vergessen dürfen. Kästners Roman machte weder „Reklame für einen existenzialistischen Typus" und für die „Entpolitisierung der Intellektuellen",[389] noch war er ein vorzeitiger Aufruf zur ‚inneren Emigration';[390] vielmehr warf er – unter Androhung des Untergangs – die Frage auf, wie die Krise nicht nur persönlich überlebt, sondern auch politisch bewältigt werden könne. Daß dies nur durch eine entschiedene gesellschaftliche Praxis, durch ein politisches Engagement möglich sei, scheint am Ende auch für Fabian klar zu sein und wird durch den Aufruf „Lernt Schwimmen!" signalisiert, freilich nicht im Sinne einer klar erkennbaren Autorintention oder -botschaft programmatisch präzisiert. Daß sich in diesem programmatischen ‚Defizit' Kästners eigene Verunsicherung und Ratlosigkeit gegenüber der Krise der Weimarer Republik spiegelt, mag sein; ihm Verantwortungslosigkeit vorzuwerfen, geht nicht an, auch wenn man sich dabei auf Benjamin berufen kann.[391]

Die Mißverständnisse, denen Kästners Roman ausgesetzt war und ist, dürften verursacht worden sein durch die Erzählweise, die Fabian zunächst einmal als sympathische und positive Identifikationsfigur anbietet, vielleicht aber noch mehr durch den fatalen Untertitel „Die Geschichte eines Moralisten". Es schien offenkundig zu sein, daß Kästner, der sich ja selbst als Moralist bezeichnete,[392] hier seine eigene Haltung beschrieb und in einem positiven Sinn als Exempel bot. Zu bedenken ist aber, daß dieser zu einer ‚positiven' Identifikation verführende Untertitel auf Verlangen des Verlages zustande kam, weil diesem Kästners ursprünglicher Untertitel „Der Gang vor die Hunde" zu negativistisch klang.[393] Dieser ursprüngliche, nicht durch Rücksichten auf den Verleger (und vielleicht dessen politische Meinung) verfälschte Untertitel hätte von vornherein eine andere und angemessenere Rezeptionshaltung bewirkt, wäre – komplementär zur letzten Überschrift des Romans – ein Signal gewesen für eine distanziertere Betrachtung der Titelfigur und für eine kritischere Lektüre ihrer Äußerungen. Durch die Titeländerung fiel die eindeutige Benennung der Folgen seines Verhaltens weg, wurde mithin auch die im Roman implizierte Androhung oder Prophezeiung des Untergangs entschärft. Um so leichter war es danach möglich, den Roman mißzuverstehen: nicht mehr – wie Kästner selbst 1950 klarstellte – als Warnung vor der politischen Katastrophe und als Aufruf, die anfangs konstatierte „Trägheit des Herzens"[394] als die tiefere Ursache der gesellschaftlichen Krise zu überwinden, sondern – ohne Rücksicht auf Fabians letztliche Zweifel an seiner Beobachterhaltung – als Werbung für einen privatistischen Überlebensversuch.

V. Die Kinderbücher

Den Anstoß zu seiner ‚Karriere' als Kinderbuchautor bekam Erich Kästner von Edith Jacobsohn, der Witwe des ‚Weltbühne'-Verlegers Siegfried Jacobsohn. Diese bat Kästner wohl 1927, für ihren Jugendbuchverlag Williams & Co. ein Kinderbuch zu schreiben. Im Jahr darauf legte Kästner seinen Roman ‚Emil und die Detektive' (1928) vor, der zunächst als Buch, dann auch als Bühnenstück und schließlich als UFA-Film ein großer Erfolg wurde und seinen Verfasser berühmt machte.[395]

Indessen war das Schreiben von Kinder- und Jugendbüchern für Kästner weit mehr als nur eine Angelegenheit der schriftstellerischen ‚Karriere'; der ‚verhinderte Schulmeister' machte es sich zur pädagogischen Pflicht und begriff es als wichtigste Komponente seines politischen Programms. „Für Kästner", so stellt Beutler fest, „ist die Erziehung tatsächlich das einzige legitime Mittel, Einfluß auf die Gesellschaft zu nehmen."[396] Seine Zukunftshoffnungen setzte Kästner auf die heranwachsenden Generationen, die er im Sinne neuer Ideale gegen die moralisch und ethisch korrumpierte Erwachsenenwelt erzogen wissen wollte. Der letzte Satz eines utopischen pädagogischen Manifestes aus der ‚Konferenz der Tiere' (1949) lautet: „Das Ziel der echten Erziehung soll heißen: Es gibt keine Trägheit des Herzens mehr!"[397] Damit ist auch das globale Ziel von Kästners Kinderbüchern benannt und zugleich – durch den Rückgriff auf jene zentrale Formel aus dem ‚Fabian', die Kästner 1950 explizit zum Deutungsprinzip seines Romans erhob[398] – der intentionale Zusammenhang von Kästners Literatur für Erwachsene und für Kinder betont. Die Kinderbücher sollten dazu beitragen, die in Kästners Erwachsenenliteratur herausgestellten Ursachen für die politisch-gesellschaftlichen Krisenerscheinungen zu überwinden.

Kästner versuchte, seine Möglichkeiten als Kinderbuchautor

zu nutzen. 1931 erschienen ‚Pünktchen und Anton' und ‚Der 35. Mai oder Konrad reitet in die Südsee', 1933 folgte ‚Das fliegende Klassenzimmer'. Der Versuch, auf den pädagogischen Anspruch zu verzichten und eine nur unterhaltsame Kinderliteratur zu produzieren, die dem Nazi-Regime nicht anstößig war, mißglückte mit dem Fortsetzungsroman ‚Emil und die drei Zwillinge' schon 1934. Wie als Gesellschaftskritiker mußte Kästner auch als pädagogisch gewillter Kinderbuchautor eine Pause einlegen, bis er nach 1945 sein ursprüngliches Programm fortsetzen konnte. 1949 erschienen die Kinderromane ‚Die Konferenz der Tiere' und ‚Das doppelte Lottchen', in den nächsten Jahren folgten Bearbeitungen einiger klassischer ‚Kinder'bücher, 1963 der für den Sohn Thomas geschriebene Roman ‚Der kleine Mann'.

An das Gesamtwerk sind die Kinderbücher schon durch den unverkennbaren ‚Kästner-Ton' gebunden, der auch in ihnen vorherrscht, seiner möglichen Schärfe allerdings weitgehend entbehrt. Er wirkt in den Kinderbüchern weniger satirisch als vielmehr gemüthaft-anrührend, entwaffnend und einnehmend für die kleinen ‚Helden'.[399] (Wie groß auch bei dieser Schreibweise die Gefahr des Mißlingens war, erweist sich an der störenden Komik und peinlichen Larmoyanz der Kurzgeschichte ‚Ein kleiner Junge unterwegs'.)[400] Untereinander sind die Kinderbücher verbunden durch die – gegenüber der Erwachsenenliteratur – offener zu Tage tretende und mehrmals auch explizit formulierte pädagogische, genauer gesagt: moraldidaktische Absicht.

Für die Darlegung seiner moraldidaktischen Ziele und Postulate bediente sich Kästner von Roman zu Roman verschiedener Formen. In ‚Emil und die Detektive' begnügte er sich mit der Frage „Läßt sich daraus was lernen?" als Überschrift über dem letzten Kapitel, und selbstverständlich sollen aus dem Roman noch andere Schlüsse gezogen werden als nur die angedeuteten pragmatischen Lehren. Expressis verbis formulierte Kästner seine ‚Lernziele' für ‚Pünktchen und Anton', wo sie in Form kursiv gedruckter „Nachdenkereien" zwischen den Kapiteln

Romans erscheinen. Im ‚Fliegenden Klassenzimmer' werden „diese beinahe philosophischen Dinge"[401] in einem besonderen Vorwort abgehandelt, im ‚Doppelten Lottchen' in einer kurzen ‚Ansprache' an die „Wertgeschätzte(n) kleinere(n) und größere(n) Leserinnen und Leser".[402] Dabei geht es nicht nur etwa um die – durchaus autoritative[403] – Benennung einzelner Tugenden, sondern auch um die Bestimmung des Verhältnisses von Wirklichkeit und Kinderbuch, d. h. um eine realistische Betrachtung von Kindern und Kindheit und um die richtige Rezeptionseinstellung gegenüber dem jeweils vorliegenden Kinderbuch: Kinder erfahren Leid und Unglück im wirklichen Leben, weswegen sie in Kinderbüchern nicht immer darüber hinweggetäuscht[404] und nicht nur glücklich dargestellt werden dürfen;[405] ebenso müssen sie wissen, daß sich ein glückliches Ende in der Wirklichkeit nicht so leicht wie in der Literatur einstellt.[406] Mit solchen Grundsätzen folgte Kästner in seinen Kinderbüchern einer entschiedenen Tendenz zum Realismus, wenngleich gerade in ihnen auch die utopische Komponente seines Denkens zum Tragen kam, und sein aufklärerischer Idealismus Gestalt annahm.

Dies letztere ist einzuräumen; doch dürfte die Kritik überzogen sein, wenn Dagmar Grenz Kästner als Anhänger der romantischen „Ideologie der heilen Kinderwelt" betrachtet und seinen Kinderbüchern die Funktion zuschreibt, sozusagen einer vorzeitigen Entpolitisierung der Kinder Vorschub zu leisten.[407] Kästners Kinderbücher demonstrieren zunächst einmal nicht die „politische Hilflosigkeit" des Menschen, sondern – auf der Basis eines allerdings angreifbaren idealistischen Konzepts – die Chancen solidarischen Handelns der ‚guten' Menschen gegenüber der ‚schlechten' Umwelt. Ob und wie weit diese Demonstrationsabsicht von Kindern bei der Rezeption realisiert werden kann, hängt von verschiedenen Begleitumständen wie Alter, Erfahrung und psychosozialer Situation des Lesers sowie von der Präsentation der Geschichte ab.[408] Prinzipiell jedoch bergen Geschichten, in denen Kinder sich gegen die Einschränkungen und Zwänge der (realen) Erwachsenenwelt durchsetzen, emanzipatorische Momente,[409] wie sie in der von Dagmar Grenz als Norm hingestellten realistischen (oder besser: utilitaristischen) Kinderliteratur eines Campe[410] und anderer Philanthropen des 18. Jahrhunderts nicht zu finden sind.

Der psychogenetische Zusammenhang und der literaturprogrammatisch komplementäre Charakter von zeitkritisch-satirischen Schriften einerseits und utopisch geprägten Kinderbüchern andererseits wurden von Kästner selbst schon konstatiert[411] und von der Forschung verdeutlicht.[412] Kästners individualpsychologische Erklärung, er wolle und müsse sich beim Schreiben von Kinderbüchern von seinen gesellschaftskritischen Attacken erholen, ist um den literaturgeschichtlichen Befund zu ergänzen, daß zwischen Gesellschaftskritik und Utopie, zwischen Satire und Kinderbuch ein traditionellerweise enges Verhältnis besteht. Das beste Beispiel dafür ist Jonathan Swifts Roman ‚Gullivers Reisen' (1726). Als bittere Gesellschaftssatire geschrieben, wurde Swifts Roman im Laufe der Zeit zum bloß noch abenteuerlichen Kinderbuch verniedlicht; Kästner indessen bemühte sich, in seiner Nacherzählung auch die Satire wieder hervortreten zu lassen.[413] Im übrigen beklagte er mehrfach, daß die meisten Schriftsteller bzw. ‚Dichter' es als unter ihrer Würde liegend erachteten, auch Kinder- und Jugendbücher zu schreiben,[414] daß mithin ein bedauerlicher qualitativer Kontrast zwischen der Erwachsenenliteratur und der Jugendliteratur festzustellen sei: „Vielleicht kümmert sich die Jugend zu wenig um die Literatur. Bestimmt aber kümmert sich die Literatur zu wenig um die Jugend."[415]

Kästner selbst unternahm ganz entschieden den Versuch, sich als Schriftsteller mehr um die Jugend zu kümmern (seine Jugendzeitschrift ‚Pinguin' von 1946–49 ist das beste Zeugnis dafür) und die Kluft zwischen Erwachsenen- und Jugendliteratur zu überbrücken: am deutlichsten mit dem ‚Doppelten Lottchen', wo die Leseranrede auch an Erwachsene gerichtet ist,[416] und mit der ‚Konferenz der Tiere', die für „Kinder und Kenner", für „Groß und Klein" gedacht war und ein „Familienbuch" sein sollte.[417]

Man kann bei Kästner geradezu von einem systematischen Gegenüber von Gesellschaftssatire und Schilderung einer heilen oder zumindest heilbaren Kinderwelt sprechen. Wenn es in vielen Gedichten darum geht, gesellschaftliche Mängel und individuelle Fehlhaltungen aufzudecken, so geht es in den Romanen für Kinder darum, Vorbilder und Tugenden zu propagieren, Lösungsmöglichkeiten für Konflikte vorzuführen und Idealzustände zu skizzieren. Unter weitgehendem Verzicht auf Zivilisationskritik werden die – von Kästner mehrmals abverlangten – ‚positiven' Aspekte der Welt und des menschlichen Zusammenlebens hervorgekehrt: bis zur Idyllisierung der Zustände. Wohl gibt es auch in den Kinderromanen ökonomische Schwierigkeiten und soziale Konflikte, aber allemal wird – unter dem oben genannten Vorbehalt der Differenz zwischen Wirklichkeit und Roman – eine positive Lösung der Probleme herbeigeführt oder wenigstens in Aussicht gestellt. Beutler spricht, um die Art der Problemlösung zu benennen, von einer „Konstruktion des gehäuften Glücks",[418] und diese Formel ist im Hinblick auf ‚Emil und die Detektive', ‚Pünktchen und Anton', ‚Das fliegende Klassenzimmer' und ‚Das doppelte Lottchen' in der Tat angebracht. In diesen vier Romanen werden nicht nur die mehr oder minder großen materiellen Schwierigkeiten beseitigt und die sonstigen Probleme gelöst; immer steht am Ende auch eine glückliche Familie, die – am deutlichsten in ‚Pünktchen und Anton' – auch eine Art von Symbol sein soll für das Ziel einer umfassenden zwischenmenschlichen Verständigung und praktizierten gesellschaftlichen Solidarität oder – wie man auch sagen könnte – ‚Klassenharmonie'. Freilich: Gerade den ausgearbeiteten Modellen zwischenmenschlicher Verständigung (‚Das doppelte Lottchen') und klassenübergreifender Solidarität (‚Pünktchen und Anton') mangelt es – auch wenn man die Möglichkeit solchen Geschehens einräumen würde – an Überzeugungskraft. Die Utopien der Kinderbücher werden, wie Egon Schwarz zu Recht kritisiert, dem Leser „ohne jede Anstrengung innerhalb der vertrauten Umwelt als Fait accompli angeboten", und es wird nicht gesagt, wie sie in einem breiteren gesellschaftlichen Rahmen zu verwirklichen wären.[419]

Indessen ist dies nur ein einziger – wenngleich wichtiger – Aspekt der Betrachtung von Kästners Kinderbüchern und lediglich ein Kriterium für die Beurteilung ihres erzieherischen Gehalts und Werts. Diesen ging Kurt Beutler in einer umfangreichen „literaturpädagogischen" Arbeit nach.[420] Die Ergebnisse von Beutlers Untersuchung und einiger seither erschienener Aufsätze[421] sollen in den folgenden Abschnitten kritisch gesichtet werden.

Wurde oben moniert, daß Kästner trotz der deutlich erkennbaren Absicht, Idealformen gesellschaftlichen Zusammenlebens zu schildern, keine überzeugenden Vorstellungen von deren Realisierungsmöglichkeiten entwickelt und dargelegt hat, so muß dies vor dem Hintergrund von Beutlers Arbeit modifiziert werden. Die ‚heile' oder ‚geheilte' Welt der Kinderbücher könnte – nach Kästners Überzeugung – etwas mühseliger und langsamer zwar als in den Romanen auch in der Wirklichkeit herbeigeführt werden, wenn jene Wertvorstellungen und Tugenden, die Kästner in den positiven Figuren seiner Kinderbücher aufscheinen läßt, allgemeine Anerkennung und Verwirklichung fänden. Nach Beutlers detaillierter Analyse[422] sind dies zum einen „Eigenschaften, die der Lebensbewältigung dienen": Fleiß, Unternehmungswille, Besonnenheit, Bescheidenheit, Selbstsicherheit, Stolz; zum andern sind es „sozialintegrative Tugenden": Offenheit, Unbefangenheit, Freundschaftsfähigkeit, Taktgefühl, Ehrlichkeit, Aufrichtigkeit, Tapferkeit, Gerechtigkeit.

Es versteht sich von selbst, daß diese zum Teil konträren Tugenden nicht alle und gleichzeitig in den Kindern verkörpert sind. Vielmehr sind sie in einer je unterschiedlichen ‚Mischung' in den einzelnen Charakteren oder Typen auffindbar und werden als einzelne Tugenden vor allem im jeweils situationsgerechten Verhalten der Kinder erkennbar. Allerdings gibt es auch Situationen, in denen einige der oben genannten Tugendbegriffe als fragwürdig erscheinen und von den Lesern kritisch überdacht werden sollen. Explizite Beispiele dafür liefern die Kapitel 2 und 4 aus ‚Pünktchen und Anton' mit den anschließenden „Nachdenkereien" über den Stolz und den Mut, ebenso die Kapitel 8 und 9 aus dem ‚Fliegenden Klassenzimmer', wo ebenfalls der Begriff des Muts problematisiert wird. Wenn Kästner im zweiten, moraldidaktischen Vorwort zum ‚Fliegenden Klassenzimmer' betont, daß es darauf ankomme, „Mut und Klugheit unter einen Hut zu bringen",[423] so ist dieses Postulat charakteristisch für Kästners ‚Tugendlehre' überhaupt: Er will nicht zu einem ‚Tugendheroismus' erziehen, keinesfalls zu einer blinden Unterwerfung unter unreflektierte Leitbegriffe, sondern zu einer durch Klugheit, Besonnenheit und immer auch Mitmenschlichkeit kontrollierten Tugendpraxis. Das heißt, daß Begriffe wie ‚Bescheidenheit', ja sogar ‚Ehrlichkeit' nicht absolut gesetzt werden. Daß Anton im 2. Kapitel von ‚Pünktchen und Anton' aus Fürsorge um seine kranke Mutter zu einer ‚Notlüge' greift und die (ehrenhafte) Herkunft seines Gelds verschleiert, scheint durchaus legitim, ja mustergültig zu sein.[424] Die von Dagmar Grenz unterstellte und kritisierte „Starrheit der Kästnerschen Moral",[425] die sich in den „Nachdenkereien" abzuzeichnen scheint, wird durch das erzählte Geschehen oft wieder gemildert.

Die geschichtliche Herkunft von Kästners Tugendvorstellungen ist leicht auszumachen. Sie stehen in der Tradition des bürgerlichen Tugendkanons, wie er im Zeitalter der Aufklärung im Hinblick auf das bürgerliche Erwerbsleben und mit Rückgriff sowohl auf das klassisch-antike Tugendsystem (Tapferkeit, Besonnenheit, Gerechtigkeit) als auch auf die christliche Tugendlehre ausformuliert wurde. Die christlich-religiöse Orientierung wurde von Kästner allerdings zurückgenommen, wie er überhaupt auf eine metaphysische Fundierung seiner Tugendbegriffe und -lehre verzichtete.[426] Indessen ist jene Zuwendung zum bedürftigen Nächsten, wie sie von einigen Kindern (Emil, Anton, Pünktchen) und Erwachsenen (Mütter, Lehrer u. a.) praktiziert wird, nicht denkbar ohne die christliche Tradition der Nächstenliebe und das Prinzip der opferwilligen

Hilfsbereitschaft, das auch in seiner säkularisiert-humanistischen Form noch geprägt ist durch die Tradition der christlichen libertas oboedientiae, durch die aus der Liebe geborene innere Freiheit oder Bereitwilligkeit zum freudigen Dienen. (Im übrigen scheint es sinnvoll zu sein, Kästner nicht als prinzipiell areligiös oder als unchristlich hinzustellen, vielmehr auf ihn Erich Fromms ‚erweiterten' und nicht konfessionell oder dogmatisch fixierten Religionsbegriff anzuwenden.)[427]

„Säkularisiertes christliches Ethos", wie Dirk Walter feststellt,[428] ist vor allem auch in jener Tugend vorhanden, die am ehesten soziale Auswirkungen haben könnte: im Gerechtigkeitssinn oder Billigkeitsdenken, wo es sich auf die gesellschaftlichen Unterschiede, auf den Gegensatz von Reich und Arm bezieht. Beispielhaft für die Brisanz dieser Tugend sind die Überlegungen, die Martin Thaler im ‚Fliegenden Klassenzimmer' über das Mißverhältnis von Tüchtigkeit und Einkommen anstellt.[429] Dem entspricht in ‚Pünktchen und Anton' der letzte Abschnitt der „Nachdenkerei" über die „Armut".[430] Beide Stellen sind um so wichtiger, als sie die zunächst als *individuell* erscheinenden Probleme mitsamt ihren privaten Lösungen als *gesellschaftliche* Probleme kenntlich machen, die auch einer gesellschaftlichen Lösung bedürfen. Von einer affirmativen Funktion der Skizzierung privater Lösungen, von einer impliziten Einverständniserklärung mit den zuvor kenntlich gemachten gesellschaftlichen Widersprüchen kann danach keine Rede mehr sein, auch wenn die Beseitigung struktureller Ungerechtigkeit nicht gezeigt und kein Entwurf einer neuen Gesellschaftsordnung vorgelegt wird.

Die im ‚Fliegenden Klassenzimmer'[431] und vor allem in ‚Pünktchen und Anton'[432] vorgeführte praktische Wirkung sozialen Gerechtigkeitssinns wird im übrigen verkannt und denunziert, wenn sie als ‚Almosengeben' empfunden und bezeichnet wird[433] (ein gegen Kästner erhobener Vorwurf, der von einer ideologisch seltsam deformierten Verachtung des Werbens um mitmenschliche Solidarität diktiert ist). Zu Recht schreibt Dirk Walter: Die „Kästnersche Sicht der Konstellation

Reich/Arm schließt immer das moralische Verdikt der Ungerechtigkeit ein, so daß die gegenseitige (oder einseitige) ökonomische Hilfe den Charakter einer ethischen *Forderung* trägt."[434] Ähnlich wie im Gedicht ,Ansprache an Millionäre' heißt es denn auch in der 7. ,,Nachdenkerei" von ,Pünktchen und Anton': ,,Das Leben ist ernst und schwer. Und wenn die Menschen, denen es gut geht, den anderen, denen es schlecht geht, nicht aus freien Stücken helfen wollen, wird es noch ein schlimmes Ende nehmen."[435]

Der appellative Ton dieser Sätze wie der ,Ansprache an Millionäre' findet seine Rechtfertigung in Kästners Überzeugung, daß die Erde genügend Ressourcen für die Verwirklichung sozialer Gerechtigkeit bereit hält. In dem phantastischen Roman ,Der 35. Mai oder Konrad reitet in die Südsee' erklärt eine Bewohnerin der utopischen Stadt Elektropolis den beiden irdischen Besuchern: ,,Alle Menschen können alles kriegen. Denn der Boden und die Maschinen produzieren bekanntlich mehr, als wir benötigen. Wußten Sie das noch nicht?" Otto Ringelhuth (Konrads Onkel) schämte sich ein bißchen. ,,Natürlich wissen wir das", meinte er. ,,Aber bei uns leiden trotzdem die meisten Menschen Not."[436] Mithin werden Gesellschaftskritik und daraus resultierende Forderungen aus den Kinderbüchern keineswegs ausgeklammert; lediglich die Darstellung der mangelhaften Verhältnisse fällt weniger breit und satirisch aus.

Ausnahmen bilden hierin jene beiden Kapitel des ,35. Mai', in denen Militarismus[437] und autoritäre Erziehung[438] durch groteske Übertreibungen und Verkehrungen dem Spott preisgegeben werden.[439] Dies geschieht allerdings nicht zufällig. Das Militär und zuvor schon die Schule sind für Kästner die wichtigsten und wirksamsten Agenturen des Autoritären.[440] Wenn in der ,Konferenz der Tiere' der Elefant Oskar die Frage aufwirft, ,,wie aus so netten Kindern später Erwachsene werden",[441] so ist nach Kästner die Erklärung dafür im deformierenden Prozeß einer autoritären Erziehung zu finden (abgesehen davon, daß es bei Kästner auch Kinder, oder genauer: kindliche Projektionsfiguren gibt, die anscheinend mit einer soziologisch nicht erklärbaren und pädagogisch kaum zu korrigierenden negativen Charakterdisposition geboren werden, wie z. B. der „Schweinehund“ Gottfried Klepperbein in ‚Pünktchen und Anton‘:[442] Der realistische Anspruch der Schilderung wird hier vernachlässigt zugunsten des didaktischen Prinzips, das zur Schwarz-Weiß-Malerei tendiert.).

Gegenüber der – am eigenen Leib erfahrenen – autoritären Pädagogik seiner Zeit propagierte Kästner eine Erziehungsform, in der die oben genannten Tugenden eingeübt und täglich erprobt werden: im gleichberechtigt-partnerschaftlichen Umgang mit anderen Kindern und mit den Erwachsenen. ‚Emil und die Detektive‘ und ‚Das fliegende Klassenzimmer‘ liefern eine Fülle von Beispielen für die funktionierende Verständigung und Solidarität zwischen Kindern, Eltern und Lehrern.[443] Dabei wird mehrmals auch eine – nach Kästner – besonders wichtige Voraussetzung für ein gutes Verhältnis zwischen Erwachsenen und Kindern genannt: die Fähigkeit der Erwachsenen, sich an ihre Kindheit zu erinnern.[444]

Die Kindheit nicht zu vergessen, ist eine oft wiederholte programmatische Forderung Kästners,[445] und ‚Kindheit‘ steht dabei keineswegs für eine unbeschwerte, idyllische oder ‚goldene‘ Zeit, sondern für eine Zeit der Phantasie und der Ideale, der echten, ursprünglichen und noch nicht korrumpierten Gefühle, der unberechnenden Liebe, der spontanen Freude und des nicht verdrängten Schmerzes. Diese kindlichen Fähigkeiten gilt es in die Erwachsenen-Welt hinüberzuretten, gegen deren Zweckrationalität zu bewahren – auch um den Preis des Identitäts- oder Rollenkonflikts als Erwachsener (so wie ihn, recht glimpflich allerdings, Direktor Tobler in ‚Drei Männer im Schnee‘ als sozusagen ewiges Kind erlebt). Darüber hinaus impliziert Kästners Appell, die Kindheit nicht zu vergessen, auch die Möglichkeit der Verweigerung gegenüber der Erwachsenen-Welt. Nicht umsonst übersetzte Kästner J. M. Barries Märchenstück von ‚Peter Pan‘ (1904), der „nicht groß werden“, sondern „ein kleiner Junge bleiben und immer lustig sein“ wollte.[446] Freilich: Die negativen Komponenten der kindlichen Psyche, etwa die unkontrollierte Grobheit oder gar Grausamkeit, wie sie an Anton Klepperbein (auch an Peter Pan und später an Oskar Matzerath) zu beobachten ist, verdrängte Kästner bei seinen Aufrufen an die Erwachsenen, sich ihrer Kindheit zu erinnern. Vorbild war für Kästner nicht das triebhaft und unkontrolliert handelnde Kind, sondern das ‚artige' Kind, das – dank guter Anlagen und einer geglückten Erziehung – moralisch sensibilisiert ist und sozusagen als besserer, unschuldiger Erwachsener auftritt.

Dies zeigt sich nicht nur in der Verhaltensweise der nicht selten etwas altklug wirkenden Kinder, sondern auch in der Sprache der von Kästner als Vorbild empfohlenen „Emile und Antone".[447] Wohl weist die Sprache der Kinder in Kästners Romanen Differenzen und Nuancen auf, wie sie verschiedenen Altersstufen und verschiedenen Milieus entsprechen,[448] tendiert bisweilen sogar – als Identifikationsangebot für die jugendlichen Leser – zum „Jargon des Flegelalters";[449] doch die positiv und vorbildlich gezeichneten Kinder bewegen sich in einer zwar ‚natürlichen', gleichzeitig aber korrekten und ‚gesitteten' oder ‚gepflegten' Sprache,[450] die bei Emil manchmal sogar zu wohlerzogen, fast gesetzt klingt und dadurch bisweilen leicht komisch wirkt. Emils ‚Artigkeit' aber dürfte Kästners Ideal gewesen sein, und wenn Pünktchen oder andere positive Kinderfiguren sich gewisse ‚Unartigkeiten' oder ‚Respektlosigkeiten' gegenüber Erwachsenen erlauben, so erscheinen diese – bei aller Liebenswürdigkeit – letztlich doch als Mängel einer nicht ganz geglückten Sozialisation und werden etwa in der 3. „Nachdenkerei" über die Phantasie mit einem leisen Tadel bedacht.[451]

Denn trotz seines Eintretens für einen unkomplizierten und vertrauensvollen Umgang zwischen Kindern und Erwachsenen hielt Kästner daran fest, daß „Respekt" gegenüber Erwachsenen notwendig sei,[452] und er versuchte, dies auch in seinen Kinderbüchern zu verdeutlichen. Die Solidarität der Kinder gegenüber Erwachsenen, wie sie in ‚Emil und die Detektive', in ‚Pünktchen und Anton' und im ‚Doppelten Lottchen' zu beobachten ist, mündet immer wieder in Solidarität mit den Erwachsenen ein. Wo Erwachsene vor Kindern als lächerlich erscheinen, wie z. B. in der Schulgroteske des ‚35. Mai', dient das Abweichen von der Forderung nach Respekt der berechtigten Kritik an der Erwachsenenwelt und hat die pädagogische Funktion, den kindlichen oder jugendlichen Lesern einen falschen, unkritischen Respekt vor bloß autoritär sich verhaltenden Erwachsenen zu nehmen. Klagen darüber sind schon von Beutler ganz zu Recht als Signum einer auf Erwachsenenautorität fixierten Unterwerfungspädagogik erklärt worden.[453]

Kästner wollte mit seinen Kinder- und Jugendbüchern „die jungen Leser zu einer wachen und kritischen Einstellung gegenüber der Umwelt" erziehen,[454] wollte sie damit für das Leben in einer „antiautoritäre(n), demokratische(n) Gesellschaft"[455] tauglicher machen, als es seine eigene Generation beim plötzlichen Eintritt in die Weimarer Demokratie gewesen war. Im Interesse dieses Erziehungsziels trat Kästner schon vor 1933 für eine weniger autoritäre Pädagogik ein, nach 1945 vor allem auch für eine Revision der nationalistisch und militaristisch ausgerichteten Geschichtsschreibung und des Geschichtsunterrichts.[456] Von 1946 bis 1949 gab Kästner die Jugendzeitschrift ‚Pinguin' heraus, die dem Programm der demokratisch-humanitären Neuorientierung oder Umerziehung verpflichtet war.[457]

Es versteht sich von selbst, daß Kästner Kinder- und Jugendbüchern im Prozeß der Erziehung einen relativ großen Wert zusprach. Er versuchte deswegen auch, Grundsätze für das Schreiben solcher Bücher zu formulieren und renommierte Autoren zum Schreiben zu bewegen, indem er die Wichtigkeit der Jugendliteratur betonte. Kinderbücher sollten nach Kästners Ansicht nicht „in der Kniebeuge" geschrieben werden,[458] sollten keinesfalls aus einer angeblich kindlichen Perspektive ein unwahres, verniedlichtes Bild von der Welt geben. Kinder- und Jugendliteratur sollte immer spannend und unterhaltsam sein, dabei tendenziell realistisch bleiben (was phantastische Erzählungen und ähnliches nicht prinzipiell verneinte); sie sollte die jungen Leser auf eine pädagogisch wirkungsvolle, jedoch nicht schockierende Weise mit ihren spezifischen und mit den allgemeineren gesellschaftlichen Problemen konfrontieren und zugleich Lösungsmöglichkeiten aufweisen, ja überhaupt den Schein einer besseren Welt aufleuchten lassen und den Glauben an das Gute in den Menschen stärken. 1953 sagte Kästner in Zürich anläßlich einer Kundgebung für das Jugendbuch: ,,Der Jugend kann, in unserer desolaten Welt, nur helfen, wer an die Menschen glaubt. Er hat kaum Anlaß, an die abgewerteten Zeitgenossen zu glauben. Sich selber wird er dabei nicht ausnehmen dürfen. Doch er muß einen gelungeneren Entwurf vom Menschen vor Augen haben.''[459]

Damit ist die Zielsetzung von Kästners Kinderbüchern prägnant beschrieben und zugleich ihr Stellenwert im Gesamtwerk benannt, wobei nicht nur zufällig auch ein neues Licht auf den ,Fabian' fällt. Wollte Fabian – ähnlich wie die Erwachsenen in der Kabarettkantate ,De minoribus' – nicht mehrmals Kinder retten, ohne indessen seine pessimistische Anthropologie aufzugeben? Kästners Kinderbücher wollen jenen Glauben an die Güte des Menschen und jene Hoffnungen auf ein menschenwürdiges Zusammenleben vermitteln, die dem krisengeschüttelten Fabian abhanden gekommen waren und ihm als Motiv für entschiedenere Anstrengungen zur Bewältigung der gesellschaftlichen Krise fehlten.

Blickt man zurück auf die Zeit Fabians und mithin auf die Entstehungszeit von Kästners ersten und berühmtesten Kinderbüchern, so ist bemerkenswert, was Wolfgang Harich 1949, zu Kästners 50. Geburtstag, über seine kindlich-jugendliche Kästnerlektüre schrieb: ,,Mit seinen Kinderbüchern hatte Kästner mir, als ich sieben oder acht Jahre alt war, in vorsichtiger, unaufdringlicher, aber äußerst wirksamer Dosierung jene moralisch-humanistischen Gegengifte verabreicht, die später der faschistische Staat unter allen Umständen von uns, von den ,Garanten der Zukunft', fernzuhalten wünschte. Trotzdem hätte ich für meinen Antifaschismus keine Garantie übernehmen mögen, wären mir nicht rechtzeitig Kästners ,zersetzende' Gedichte gegen Krieg und Militarismus in die Hände gefallen, die mir sehr zu denken gaben."[460]

Bemerkenswert sind diese Ausführungen nicht nur wegen der antifaschistischen Wirkungskraft, die sie Kästners Kinderbüchern bescheinigen, sondern auch wegen der Verbindung, die zwischen der Moraldidaxe der Kinderbücher und der Gesellschaftskritik der Gedichte hergestellt wird. Für den Leser, der mit Kästners Büchern aufwuchs, griffen sie ineinander und verstärkten sich gegenseitig zu einem richtungsweisenden Stimulus für das politische Denken und die gesellschaftliche Praxis.

VI. Unterhaltungsromane und Konversationsstück

Das Schreiben von sogenannten Unterhaltungsromanen, die aller gesellschaftskritischen oder erzieherischen Momente entbehrten, ergab sich für Kästner vielleicht nicht nur als Folge der nationalsozialistischen Literaturkontrolle. Gewiß: Die Unterhaltungsromane erschienen (in Zürich), nachdem sich der Faschismus in Deutschland etabliert hatte und nachdem auch für Kästner klar geworden war, daß er zur vorherigen Richtung seines Schreibens so schnell nicht wieder zurückkehren könne: 1934 ‚Drei Männer im Schnee', 1935 ‚Die verschwundene Miniatur', 1938 ‚Georg und die Zwischenfälle' oder ‚Der kleine Grenzverkehr'. Aber es ist zu vermuten, daß Kästner, der immer für ein großes Publikum schreiben wollte,[461] einen latenten, vorher nicht realisierten Zug zum Unterhaltungsschriftsteller hatte. Talent dafür besaß er jedenfalls, und die formalen und inhaltlichen Kongruenzen zwischen dem ‚Fabian' und den Unterhaltungsromanen lassen erkennen, daß der Übergang von der zeitkritisch-satirischen Schreibweise zum bloß spannenden und unterhaltenden Erzählen für Kästner nicht schwerfiel.

Damit soll nicht unterstellt werden, daß die Beschränkung auf Unterhaltungsliteratur für den Gesellschaftskritiker Kästner keine schmerzvolle Einschränkung gewesen wäre. Die Romanfragmente ‚Der Zauberlehrling' (1936) und ‚Die Doppelgänger' (1939) lassen erkennen, daß Kästner versuchte, die Realitätsgebundenheit und die Schemata der Unterhaltungsliteratur zu überwinden.[462] Ebensowenig soll aber jede Kritik daran abgewiesen werden, daß Kästner einen – im Vergleich zum Schreiben von Widerstandsliteratur oder auch zum Verstummen – möglicherweise bequemeren Weg des schriftstellerischen Überlebens gewählt hat.[463] Und es ist auch einzuräumen, daß ‚Der kleine Grenzverkehr' mit seiner Liebesidylle vor dem Hintergrund der Jahre 1937/38 stellenweise fast peinlich wirkt. Auch Kästner selbst vermochte sich der Idylle nicht ganz hinzugeben, wie schon aus der Vorrede ersichtlich wird. Gleichsam mit einer – an den ‚Fabian' erinnernden – Pauschalformel des Geschichts- und Kulturpessimismus heißt es dort, daß Mitteleuropa längst ein „pathologischer Fall" geworden sei.[464]

Wie ‚Der kleine Grenzverkehr' zeigt, sind die negativen Seiten der zeitgenössischen Wirklichkeit nicht ganz ausgespart; die latente Angst vor Behörden und der bedrückende Mangel an Freizügigkeit werden deutlich sichtbar. Aber mit derartigen Mißlichkeiten findet man sich ab, sie werden eher Anlaß zur Schilderung kleiner Abenteuer als Grund für zeitkritische Räsonnements. In der Unterhaltungsliteratur gelingt es dem Tüchtigen, dem Helden, sich mit der Realität und mit den gesellschaftlichen Gegebenheiten, die denn auch tendenziell positiv erscheinen, aufs Beste zu arrangieren und sein Glück in ihnen zu finden. So bekommt der arme Reklamemacher Fritz Hagedorn in ‚Drei Männer im Schnee' nach der – relativ geringen – Vorleistung der erfolgreichen Teilnahme an einem Preisausschreiben plötzlich mäzenatische Förderung und eine liebe Verlobte aus gleichem Haus; so wird die Tüchtigkeit des Versicherungsangestellten Joachim Seiler in der ‚Verschwundenen Miniatur' durch einen – überraschenderweise – lernfähigen und generösen Generaldirektor und ebenfalls eine hoffnungsvolle Damenbekanntschaft honoriert; und so wird auch die Unverzagtheit Georg Rentmeisters im ‚Kleinen Grenzverkehr' durch eine nette und zudem begüterte Frau belohnt. Anders als der ‚Fabian', der den Leser durch seinen fatalen Ausgang beunruhigt und zu einer – möglicherweise ‚kathartischen' – Suche nach einer verantwortbaren Verhaltensweise provozieren wollte, befriedigen Kästners Unterhaltungsromane, in denen sich Liebe und Geld allemal glücklich die Hände reichen, die Harmoniewünsche und vielleicht auch die Gerechtigkeitsgefühle der Leser unmittelbar, setzen sich dadurch aber auch mannigfacher Kritik aus.

Die kritischen Vorbehalte und Vorwürfe, die gegen die sogenannte Unterhaltungsliteratur generell erhoben worden sind,[465] müssen auch im Hinblick auf Kästners Unterhaltungsromane bedacht werden. Von vornherein sei jedoch der Verdacht abgewiesen, es ginge im folgenden um nichts anderes als um Kritik und Abwertung der drei genannten Romane. Die meist voreingenommene und oft unbesehene prinzipielle Abwertung der Trivial- und Unterhaltungsliteratur wurde in den letzten Jahren durch eine intensivere Beschäftigung mit solcher Literatur und durch einen daraus resultierenden differenzierten und historisch relativierenden Begriff von Unterhaltungsliteratur überwunden.[466] Nach Helmut Kreuzer ist der Begriff ‚Trivialliteratur' rein deskriptiv und historisch zu verstehen als „Bezeichnung des Literaturkomplexes, den die dominierenden Geschmacksträger einer Zeitgenossenschaft ästhetisch diskriminieren. Diese Diskriminierungen sind weder für die Wertungen der Wissenschaft noch für die jeweils späteren Epochen verbindlich."[467]

Nach Vorarbeiten von Hermann Bausinger[468] und Hans Friedrich Foltin[469] grenzte Hans-Dieter Zimmermann in einem plausiblen ‚Dreischichtenmodell' mit fließenden Übergängen ‚anspruchsvolle' Unterhaltungsliteratur ab gegen die ganz dem Publikumsgeschmack entsprechende Trivial- oder Schemaliteratur einerseits und gegen die elitäre „Literatenliteratur" andererseits, die ausschließlich den Ansprüchen des Autors und der Elite seiner Leser genügen will und von der Unterhaltungsfunktion der Literatur mehr oder minder weit abrückt.[470] Die zwischen diesen beiden Polen angesiedelte Unterhaltungsliteratur knüpft an den realistischen Erzählstil des 19. Jahrhunderts an und bewegt sich formal und inhaltlich auf traditionellen Bahnen; d. h. sie folgt eingefahrenen Strukturen, verwendet möglichst bekannte Motive und Gestaltungselemente, gebraucht eingebürgerte, möglicherweise modische, aber keinesfalls avantgardistische Ausdrucksformen. Sie paßt sich damit dem Geschmack eines breiteren, literarisch durchaus erfahrenen Publikums an und macht tatsächlich einen guten Teil der

‚bürgerlichen' Lektüre aus. Dieser Art von Literatur dürften Kästners Unterhaltungsromane am ehesten zuzurechnen sein (jedenfalls ‚Drei Männer im Schnee' und ‚Der kleine Grenzverkehr', während ‚Die verschwundene Miniatur' in der Nähe der Kriminal- oder Detektivgeschichte zu sehen ist).[471]

Der vielleicht am besten gelungene von Kästners Unterhaltungsromanen, ‚Drei Männer im Schnee', zeigt am deutlichsten die Verklammerung der Unterhaltungsromane mit dem übrigen Werk und läßt auch die Wertungsfrage besonders problematisch werden. Die Affinitäten und Differenzen zum übrigen Werk werden bei der Lektüre sofort sichtbar und seien deswegen hier nur kurz aufgelistet:[472] Die formale und erzähltechnische Verwandtschaft mit dem ‚Fabian' und den Kinderromanen tritt schon im unverkennbaren ‚Kästner-Ton' und in der Einteilung in relativ kurze Kapitel mit interessierenden Überschriften zutage. Inhaltlich fällt vor allem die einheitliche Personengestaltung auf. Wie im ‚Fabian' trägt der Held, Fritz Hagedorn, einige Züge, die aus Kästners Biographie bekannt sind; wie in den Kinderbüchern zerfällt die Gesellschaft in zwei miteinander streitende Gruppen – in die der Gutgesinnten und Klugen und in die der Dummen und Böswilligen. Vergleichbar ist weiterhin die soziale Konstellation, die Gegenüberstellung von Armen und Reichen, die freilich einiger bewährter Muster der Kästnerschen Gesellschaftssatire entbehrt. Werden sonst die Wirtschaftsbosse als fettleibige Bonzen dargestellt,[473] so gleicht Geheimrat Tobler, der sich allerdings nie um seinen ererbten Konzern gekümmert hat,[474] „einem wohlhabenden Privatgelehrten, der regelmäßig Sport getrieben hat";[475] im übrigen hat er die für seinesgleichen ganz außergewöhnliche Absicht, das ihn umgebende „Glashaus (zu) demolieren", um die Wirklichkeit des Menschen neu zu erfahren.[476] Konfliktmöglichkeiten und Interessengegensätze werden in ‚Drei Männer im Schnee' – unter Vermeidung der satirisch-aggressiven Sprache, deren sich Kästner in vielen Gedichten und im ‚Fabian' bediente – zwar angedeutet,[477] erscheinen aber von vornherein in milderem Licht und werden alsbald entschärft und letztlich harmonisiert. Und wer möchte auch am Ende, nachdem er den so rührenden wie fröhlichen Aufstieg des kleinbürgerlichen Werbetexters Fritz Hagedorn an die Spitze eines Großkonzerns miterleben durfte, noch mit dieser Gesellschaftsordnung und mit ihren „aus der Mode“ gekommenen Millionären[478] hadern wollen?

Es ist so leicht wie richtig, gegen ‚Drei Männer im Schnee‘ einzuwenden, daß die soziale Wirklichkeit in diesem Roman nicht kritisch, ja nicht einmal realistisch beschrieben sei. Kästner war sich dessen wohl bewußt und versuchte, den sicher zu erwartenden Vorwürfen durch die literaturtheoretischen Überlegungen im ersten Vorwort („Der Millionär als künstlerisches Motiv“) und die Rahmengeschichte im zweiten Vorwort („Der Verfasser gibt die Quellen an“) vorzubeugen. Will das erste Vorwort ein ob seiner Realitätsferne überholtes literarisches Motiv gleichsam als Abglanz einer untergegangenen Welt (und sei's nur der modernen Märchenwelt) wieder legitimieren, so rückt das zweite Vorwort mit seinem Verweis auf einen anonymen Gewährsmann das Geschehen eben wieder in märchenhafte Ferne und entzieht es sozusagen der Kritik des Autors, der ja nur eine ihm erzählte Geschichte wiederzugeben scheint. Gemeinsames Ziel beider Vorworte aber ist es, die Elemente des Unterhaltungsromans, die ‚Märchenhaftigkeit‘ der folgenden Geschichte von vornherein kenntlich zu machen und vom Leser gleichsam die Lizenz für eine – angesichts der Realität – doch sehr ‚unwahrscheinliche‘ Geschichte zu erhalten bzw. den Leser in die richtige Rezeptionshaltung zu bringen; denn keinesfalls wird von ihm erwartet, daß er die Geschichte vom wundersamen Aufstieg des armen Fritz Hagedorn als realistisch begreift, selbst wenn solches tatsächlich vorkommen sollte. Die Distanz der Geschichte zur Wirklichkeit wird durch die beiden Vorworte nicht unterschlagen, sondern ästhetisch qualifiziert und zum Moment des Nachdenkens über die Wirklichkeit gemacht. Dies gilt es zu bedenken, bevor dem Roman etwa eine die Wirklichkeit bloß beschönigende Tendenz oder eine rein affirmative Funktion zugeschrieben wird.

Beide Vorwürfe liegen nahe; denn tatsächlich ist man versucht, einige der von Christa Bürger[479] entwickelten kritischen Urteile über die Trivialliteratur gegen ‚Drei Männer im Schnee' zu wenden. Einzelvorwürfe wie ästhetische Antiquiertheit, Beschönigung der gesellschaftlichen Wirklichkeit und Verschleierung der sozialen Gegensätze, Eliminierung des Protests und Verzicht auf die Andeutung eines Gegenbilds könnten unter den Generalvorwurf subsumiert werden, daß Kästners ‚Drei Männer im Schnee' als Produkt der Traumfabrik Kulturindustrie eine durch und durch harmonische Welt vorspiegle, für deren Veränderung keinerlei Ursache bestehe. Die Wirkung des Romans wäre mithin auf bloße Affirmation beschränkt: Der Leser zieht aus seiner Lektüre nicht Anreize zur kritischen Reflexion über die gesellschaftliche Wirklichkeit und ebensowenig Impulse zum reformerischen Handeln; vielmehr wird ihm der potentiell vorhandene Veränderungswille ausgeredet und statt dessen das Einverständnis mit der (beschönigten) Wirklichkeit ermöglicht. Selbstbescheidung, Anpassung und Loyalität gegenüber dem bestehenden System erscheinen als angebracht und aufstiegsverheißend. Der umgängliche und sympathische Fritz Hagedorn, trotz vieler widriger Erfahrungen noch nicht so timide wie sein Kollege Jakob Fabian, liefert das beste Beispiel dafür.

Zum Problem der Wertung befindet Christa Bürger: „Das Werk muß es dem Rezipierenden erleichtern, die eigene Situation als eine geschichtlich-gesellschaftliche zu interpretieren, es muß Mittel der Selbstdeutung und der Selbstverwirklichung sein. (...) Den Maßstab für die Wertung literarischer Werke setzt demnach die Frage: Greift das Werk in das Wirklichkeitsverständnis der gesellschaftlich handelnden Individuen ein?"[480] Diese Frage positiv zu beantworten, fällt im Hinblick auf die ‚Verschwundene Miniatur' und den ‚Kleinen Grenzverkehr' schwer. Was hier auch immer – etwa am Beispiel des nicht von ungefähr aus dem Trott geratenen Metzgermeisters Külz oder auch am Beispiel des eskapistischen Grafen H. – an Schilderung gesellschaftlicher Verhältnisse und menschlicher Reaktionsweisen geboten wird, dürfte den von Christa Bürger genannten Ansprüchen kaum genügen. Nicht nur, daß das Geschehen ein bißchen zu ,exotisch' ist; die in ihm immer noch vorhandenen Ansatzpunkte zur Gestaltung etwa von Ehe- oder Berufs- bzw. Standesproblemen werden nicht genutzt. Papa Külz fährt halt nach kurzem Nachdenken und einigen Verwicklungen wieder nach Hause zu seiner Emilie, die immerhin ein paar Tränen vergießt; die Einsichten, die aus der ganzen Affäre abgeleitet werden, sind auch nicht eben weiterführend, beschränken sich auf Külz' mürrisches Konstatieren von – höchst fragwürdigen – Versäumnissen: ,,Vor zwanzig Jahren hätte ich das schon machen sollen. (...) Nun ist es zu spät. Jetzt hilft kein Heulen mehr."[481] Die Begrüßung des Heimkehrenden findet am Ladentisch vor der Kundschaft statt und geht fugenlos in die – nur kurzfristig ausgesetzte – Arbeit über.[482]

Am ehesten noch könnte Christa Bürgers Wertungsmaßstab an ,Drei Männer im Schnee' angelegt werden. Immerhin gerät der Roman mit einigen Kapiteln in die Nähe von Kästners dezidiert zeit- und gesellschaftskritischen Gedichten;[483] zudem könnte man – ähnlich wie in ,Pünktchen und Anton' – hinter dem familiären happy end mehr sehen als nur eine zufällige und private Beseitigung sozialer Diskrepanzen: den wiederum symbolisch eingekleideten Wunsch Kästners nach klassenübergreifender Solidarität und gesellschaftlicher Versöhnung. Eine derartige Deutung erschiene jedoch als das Ergebnis einer sehr angestrengten Suche nach einer ,progressiven' sozialen ,Botschaft' dieses Romans und setzt im übrigen bei der Lektüre die Kenntnis der Kästnerschen Sozialvorstellungen voraus, die sicher nicht von allen Lesern zu erwarten ist.

Kurzum: Gemessen an Christa Bürgers Wertungskriterien schneiden Kästners Unterhaltungsromane nicht eben gut ab. Indessen ist zu bedenken, daß es eine allgemeinverbindliche Beschreibung für die Reaktionsweise der Leserschaft auf die ,Traumangebote' der Unterhaltungsliteratur nicht gibt. Anders gesagt: Unterhaltungsliteratur kann gleichsam auch ,,gegen den Strich" gelesen werden.[484] Sie muß nicht unbedingt und in jedem Fall affirmativ wirken und einer falschen Versöhnung mit der widrigen Wirklichkeit Vorschub leisten. Ähnlich wie bei der Kinderliteratur muß auch hier eingeräumt werden, daß es von vielerlei sozialen und psychischen Faktoren abhängt, ob und wie weit der Leser sich dem (vielleicht auch dem Autor nicht ganz erkannten) Wirkungsgehalt des Werks überläßt und das beschönigte Bild der Wirklichkeit akzeptiert. In jedem Fall sind kritisches Bewußtsein und Distanzierungsfähigkeit der Leser (und es geht nicht an, daß hierbei ganze Schichten pauschal als ‚minderbemittelt' ausgeklammert werden) gegenüber dem Text wie gegenüber der Wirklichkeit zu berücksichtigen. Beides hat auch Kästner nicht auszuschalten versucht, sondern durch die Vorworte zu ‚Drei Männer im Schnee' und zum ‚Kleinen Grenzverkehr' eher provoziert.

Wie ‚Drei Männer im Schnee', so ist auch Kästners erstes Bühnenstück, das 1943 verfaßte Lustspiel ‚Zu treuen Händen',[485] der im Dritten Reich unverfänglichen, jedoch nicht platten Unterhaltungsliteratur zuzurechnen. Auch in dieser Komödie knüpfte Kästner an seine frühere Zeit- und Gesellschaftskritik an und nahm die Liebes- und Sexualmoral seiner eigenen Generation aufs Korn. Und noch über die erfolgreiche Düsseldorfer Uraufführung von 1948 hinaus dürfte das Stück als eine Provokation bürgerlicher Prüderie gewirkt haben; denn in der Tat wird dem Leser oder Zuschauer einiges mehr an Freizügigkeit vorgeführt, als durch Konvention und Moral erlaubt war. Dies gilt nicht nur für den schriftstellernden Junggesellen und wechselhaften Liebhaber Thomas (der – wieder einmal – einige Parallelen mit Kästner aufweist); es gilt zunächst auch für das junge Elternpaar Hansgeorg und Betty. Diese freilich, nachdem sie ihr Verhältnis miteinander aufgedeckt und legitimiert haben, erscheinen am Ende des Stücks als die Repräsentanten einer zwar altmodisch wirkenden, zugleich aber ‚echten' Liebe, die weder durch Lüsternheit verunsichert wird noch auf eine Doppelmoral angewiesen ist wie die Beziehungen der meisten anderen Personen in diesem Lustspiel.

Darin kommt noch einmal ein für Kästner typisches Denkmuster zum Vorschein: Denn wiederum ist es eine jüngere, von gesellschaftlichen Konventionen und Denkhaltungen noch nicht verbildete Generation, die der älteren Generation der so zwielichtigen wie fürsorglichen Erzieher wahre Moralität vorführt. Geht es nämlich für Hansgeorgs Mutter darum, den Sohn ohne Schäden die notwendigen ‚Erfahrungen‘ machen zu lassen und ihm dann eine gute Partie, d. h. eine junge und vermögende Frau, zu suchen,[486] so wollen der Sohn und seine Freundin ihre Liebe in der Ehe realisieren, obwohl dagegen nach herkömmlichen Vorstellungen vieles zu sprechen scheint: die ‚Unerfahrenheit‘ des jungen Medizinstudenten, das höhere Alter der Freundin und vor allem auch die schmale finanzielle Basis. Aber mit derartigen Vorstellungen wird in Kästners Komödie aufgeräumt, ohne daß indessen die Liebesehe und die Familiarität der beiden jungen Leute zum alleinigen Ideal erhoben würde. Thomas' Ansprüche auf die Verwirklichung seiner freizügigen Liebesvorstellungen und die kluge ‚Toleranz‘ der Pauline werden keineswegs abgetan; mehr karikiert als kritisiert wird allein das spießige Verhalten der Mutter von Hansgeorg.

Kästner selbst hat diese reizvolle und spannende Komödie auch als „Konversationsstück“ bezeichnet,[487] und dies nicht zu Unrecht: Das Stück weist wenig Handlung auf und demonstriert keine Entwicklung von Charakteren; es lebt fast ausschließlich von seinen pointierten und überraschungsreichen Dialogen. Alle wichtigen Personen des Stücks (mit Ausnahme nur der Haushälterin und der Studenten) versuchen ja fortwährend, durch geschickt eingefädelte Gespräche die Partner auszuhorchen und den eigenen, verborgen gehaltenen Plänen gefügig zu machen. Diesen Dialogen fehlt allerdings jene psychologische Feinheit und das daraus resultierende sprachliche Raffinement, die ein gutes Konversationsstück auszeichnen. Die Witzigkeit ist oft zu angestrengt, die Koketterie bisweilen zu aufdringlich, die Anhäufung gewagter Formeln manchmal zu übertrieben, so z. B. wenn Thomas erklärt: „Ich eigne mich nicht zum Hofmeister ... zum Kinderdresseur ... zum Daseinstrainer“ und zum Leiter einer „Jungmännerbewahranstalt“.[488] Derartige Formeln, zumal sie von durchaus klischeehaft gezeichneten Personen gebraucht werden, bringen einen stark deklamatorischen Zug in das Stück und geben zudem seine moralischen Intentionen der Lächerlichkeit preis. Thomas erscheint dann in der Tat als „Pestalozzi für werdende Männer“.[489] Solche Äußerungen nehmen dem Protest gegen „die bestehende Gesellschaftsmoral“,[490] der in der Komödie sehr wohl angelegt ist, seine Schärfe und stehen in keinem richtigen Verhältnis zu der eingangs laut werdenden Klage, daß das zwanzigste Jahrhundert „nur auf dem Kalender“ erreicht worden sei.[491]

Kästner ließ das Lustspiel ‚Zu treuen Händen‘ 1949 unter dem Pseudonym Melchior Kurtz aufführen, weil er – nach eigenen Angaben – seinen richtigen Namen „für sein eigentliches Theaterdebüt, für ‚Die Schule der Diktatoren‘, aufsparen wollte“.[492] Man wird daraus schließen dürfen, daß Kästner die Schwächen seines ersten Bühnenstücks erkannte und einräumte. Es gelang ihm allerdings nicht, sie mit seinem zweiten Stück zu überwinden, und dies ist – so paradox es klingen mag – auf Kästners Talent zurückzuführen: auf seinen Überfluß an Witz und auf seine Virtuosität im Umgang mit Wörtern. Die Jargons waren ihm hörig, die treffenden Bezeichnungen für die Dinge strömten ihm zu und fügten sich unter seinen Händen allzu leicht zu witzigen Formeln, die sich zur scharfsinnigen Glossierung von Sachverhalten wohl eigneten, aber immer eben von außen herangetragen sind und so wirken: nicht als Äußerung der Dinge selbst, nicht als erzählerische Entwicklung von Vorgängen, sondern als Formeln eines ebenso gewitzten wie distanzierten Beobachters. Kästners eigentliches Metier war das Kabarett.

VII. ‚Vergangenheitsbewältigung' und Zeitkritik nach 1945

Die Mängel von Kästners erstem Bühnenstück, nämlich das Klischeehafte der Personen sowie das Deklamatorische und Formelhafte der Dialoge, machen auch ein Manko seines zweiten und anspruchsvolleren Stücks aus, wenngleich eben diese Erscheinungen in der ‚Schule der Diktatoren' (1956)[493] das formale Pendant zum Inhalt sein sollten. Im Vorwort zu diesem entschieden didaktischen Stück, dessen Thema das Funktionieren der modernen Diktatur und die dafür notwendigen Deformationen des Menschen sind, führt Kästner aus: „Kann ein solches Stück herkömmlich dankbare Rollen haben? Nein. Einen nuancierenden, die Figuren unterscheidenden Dialog? Nein. Eine Entwicklung der Charaktere? Nein. Tragische Konflikte? Nein! Dergleichen läßt der degradierte, der auf den Hinterbeinen tanzende Mensch nicht zu. Größe und Schuld, Leid und Läuterung, Wahrzeichen einer edlen Dramaturgie, liegen im Staub."[494]

Die moderne Diktatur, wie sie im Dritten Reich in Erscheinung trat, suspendiert mit der Moral auch die Ästhetik, oder anders gesagt: Die herkömmliche Dramaturgie mit ihrer – auf die Auslösung eines moralischen Reinigungsprozesses im Zuschauer zielenden – Gestaltung der moralischen Entwicklung eines verantwortlichen ‚Helden' versagt vor dem Wesen der modernen Diktatur, das sich der Umsetzung in „herkömmlich dankbare Rollen" entzieht und nur in neuen, tendenziell abstoßenden oder schockierenden Ausdrucksformen dargestellt werden kann.

Dieser seiner Theorie suchte Kästner gleich durch die Gattungsbezeichnung „Komödie" Rechnung zu tragen, die im Hinblick auf den Stoff zunächst befremdend, ja provokativ wirkt. ‚Die Schule der Diktatoren' hat freilich nichts gemeinsam mit der klassischen Komödie, in der individuelle Fehlhaltungen oder gesellschaftliche Mängelzustände auf heitere Weise überwunden werden, so daß am Schluß Moral und Ordnung wiederhergestellt sind. Kästners „Komödie" weist keinerlei individuelle oder gesellschaftliche Veränderung in Richtung auf einen positiven Schluß auf, und konsequenterweise haben einige Interpreten auch andere Gattungsbezeichnungen vorgeschlagen. Beutler begreift das Stück als „Groteske";[495] ähnlich äußert sich auch Benson.[496] Wagener verwendet den Begriff „Tragikomödie",[497] und Hermann Kesten sah in der ‚Schule der Diktatoren' eine „bei aller Turbulenz eiskalte Komödie".[498] In der Tat handelt es sich um ein ungewöhnliches und gattungsmäßig schwer zu definierendes Stück, für das Vorbilder etwa bei Büchner und im expressionistischen Typen- und Stationendrama gesehen werden können.[499]

Wie im expressionistischen Typendrama, in dem die Individuen gegenüber den Institutionen, Systemen und geschichtlichen Prozessen bedeutungslos sind, erscheinen auch in der ‚Schule der Diktatoren' nur Typen, die keine individuellen Namen tragen, sondern nach ihren Funktionen benannt sind: „Der Kriegsminister", „Der Premier", „Der Leibarzt" usw.; auch „Frau" und „Sohn" bezeichnen (nach dem Tod des Gatten und Vaters, des ersten Präsidenten) nur noch die Funktionen, die von der Frau und dem Sohn des ersten Präsidenten im Zusammenspiel mit dem jeweiligen Ersatzpräsidenten erfüllt werden müssen. Eigennamen tragen nur die Prostituierten, denen herkömmlicherweise am wenigsten Persönlichkeit und Rang zugestanden wurde. Dies wurde als Versuch Kästners interpretiert, die Umkehrung der normalen Verhältnisse noch zu verdeutlichen;[500] es bleibt dann aber bei einer rein formalen Demonstration, denn die namentliche Hervorhebung der drei Prostituierten wird weder durch die Charakterisierung noch durch die Handlungszuweisung weiter gerechtfertigt.

Hinter der ‚Nomenklatur' der ‚Schule der Diktatoren' steht die Absicht, die Deformation des Menschen und die Funktionalisierung des Individuums in der modernen Diktatur sinnfällig zu machen. Die Personen des Dramas sollen nicht als ethisch verantwortlich handelnde Individuen oder gar als geschichtsmächtige Subjekte erscheinen, sondern als willenlose Funktionsträger oder Opfer eines Systems, das sie ihrer Identität und Handlungschancen völlig beraubt hat und nunmehr als ‚Personenhülsen' für seine Zwecke gebraucht und Rollen spielen läßt. Nicht eine der in diesem Stück auftretenden Personen ist ihrer selbst mächtig; auch die Spitzenfunktionäre sind der gegenseitigen Kontrolle und Manipulation ausgesetzt, auch sie nur Sachwalter eines Systems, das ohne die geringste Frage nach seiner Legitimation aufrechterhalten wird. Wer ausfällt oder – wie auch immer – Anstalten dazu macht, ‚auszusteigen' oder sich zu verweigern, wird liquidiert und durch einen andern ersetzt. Im Fall des (ersten) Präsidenten, des Begründers und höchsten Repräsentanten des Systems, scheint jedoch eine personale Kontinuität notwendig zu sein, und aus diesem Grunde werden in einem eigens dafür eingerichteten Institut andauernd ein halbes Dutzend gleich aussehender Männer für die Rolle des Präsidenten geschult. Der ‚amtierende' Präsident kann somit von der Clique der hohen Funktionäre jederzeit aus dem Spiel genommen und durch ein weiteres Double ersetzt werden. Die Schulung der Ersatzpräsidenten liegt in den Händen eines Professors, der „Menschen in Werkzeuge" umwandelt und das Ziel verfolgt, den Menschen zur „ferngesteuerten Maschine" zu machen, „die exakt funktioniert und paarweise neue Maschinen liefert".[501] Dieser der Diktatur angemessene Menschentypus tritt in dem absolut gehorsamen Inspektor, der den Begriff ‚Charakter' als „feineres" und dazuhin „sehr schädliches" Wort für „Sentimentalität" abtut,[502] bereits in Erscheinung, weniger deutlich auch in den Figuren, welche das durch Propaganda entmündigte und durch Drohungen und Gewalttaten eingeschüchterte Volk repräsentieren.[503]

Überraschenderweise kann es in dieser perfekten Diktatur bei einem neuen ‚Wechsel' im Präsidentenamt doch zum Versuch eines Staatsstreichs kommen, dessen Scheitern das eigentliche Thema des Stücks ist. Die ideologischen und organisatorischen Hintergründe des Putschversuchs bleiben etwas unklar, ebenso sein genauer Verlauf. Zum Scheitern wird er dadurch gebracht, daß dem Anführer, dem siebten Präsidentenimitator, vor dem entscheidenden Aufruf zum Aufstand des Volks der Sender abgeschaltet wird.[504] Sein anschließender Todessturz aus dem Fenster besiegelt nur noch das unausweichliche Martyrium des von der Verfügung über die Massenmedien ausgeschlossenen Widerstandskämpfers in der modernen Diktatur.

In einer Ansprache während der Hamburger PEN-Tagung am 10. Mai 1958, in der sich Kästner auch mit seiner eigenen Passivität während des Dritten Reichs auseinandersetzte, nahm er gewissermaßen den Schluß seines Dramas zum Modell für die Vergeblichkeit jeden Widerstands in einer bereits etablierten Diktatur und stellte fest: ,,Im modernen undemokratischen Staat wird der Held zum Anachronismus. Der Held ohne Mikrophon und ohne Zeitungsecho wird zum tragischen Hanswurst. Seine menschliche Größe, so unbezweifelbar sie sein mag, hat keine politischen Folgen. Er wird zum Märtyrer. Er stirbt offiziell an Lungenentzündung.“[505] Die durchaus auch apologetische Absicht dieser Sätze ist so unverkennbar, wie sie legitim ist, und sie ist auch hinter der ,Schule der Diktatoren‘ zu sehen; denn dieses Drama ist ganz entschieden weniger ein Stück über das Wesen der modernen Diktatur als vielmehr ein Stück, das die Erfolglosigkeit von Widerstandsaktionen demonstrieren soll. Wie weit es hierin überzeugend wirkt, sei dahingestellt; Alternativen gegenüber dem Geschehen sind zweifellos denkbar.

Für eine Auseinandersetzung mit dem Wesen der modernen Diktatur – zumal vor dem von Kästner selbst im Vorwort beschworenen Hintergrund des Dritten Reichs – mangelt es dem Stück an politologischer und soziologischer Fundierung und Ausarbeitung. Die Diktatur erscheint als unabänderlicher Dauerzustand, perpetuiert nur durch den Willen einer skrupellosen Führungsclique. Von möglichen politischen, sozialen und ökonomischen Bedingungen ihrer Entstehung und Fortdauer ist keine Rede, doch kann ohne deren Durchleuchtung weder die Etablierung noch die Fortdauer eines totalitären Regimes erklärt werden. Durch den nahezu völligen Verzicht auf alle Fragen und Aspekte, die die historische Wirklichkeit des Dritten Reichs oder einer anderen modernen Diktatur berührt hätten, verliert das Stück für die Vergangenheit an analytischem und für die Zukunft an belehrendem Wert. Genese und Funktionieren moderner Diktaturen werden weniger erklärt als vielmehr mythisiert; sie erscheinen als jederzeit mögliche und dann so gut wie irreversible ‚Betriebsunfälle' der Geschichte, gegen die nichts Wirksames unternommen werden kann.

Als analytischer und zugleich dramaturgischer Mangel muß auch die forcierte Typisierung der Personen bezeichnet werden, die völlige Reduzierung insbesondere der Führungsgestalten auf ihre im Sinne des Systems notwendigen und zulässigen Funktionen. Sie erscheinen dadurch gleichsam als Roboter, die zwar die Technik der Machtausübung beherrschen, aber keinerlei charismatischen Zug aufweisen, wie er allen ‚erfolgreichen' historischen Diktatoren eignete. Den in Wirklichkeit unverzichtbaren imperialen Charakter der obersten Repräsentanten unterschlug Kästner wohl zugunsten seiner These von der verlustlosen Ersetzbarkeit eines jeden durch einen ähnlich aussehenden Schauspieler. Aber wäre Hitler, um nur ein Beispiel zu nennen, auf die Dauer durch ein Double zu ersetzen gewesen, ohne daß sich etwas an den Verhältnissen im Nazi-Deutschland geändert hätte? Freilich: Kästner war nie dazu bereit, die caesaropapistische Leistung der Führungsgruppe des Dritten Reichs auch nur in ihrer Negativität anzuerkennen. Goebbels z. B. bezeichnete er 1958 als den „personifizierte(n) Minderwertigkeitskomplex aus Rheydt",[506] was zwar als Entlarvung und Verspottung gedacht ist, aber auch eine fatale Unterschätzung der demagogischen Fähigkeiten dieses raffinierten Propagandaministers erkennen läßt. Durch die Ausklammerung der faszinierenden Wirkung, die Diktatoren und ihre Helfer gerade auch durch geschickt ausgenutzte individuelle Charaktereigenschaften und Fähigkeiten auf die Bevölkerung ausüben, bleibt in Kästners Drama ein wichtiger Aspekt des Verhältnisses zwischen ‚Führung' und Volk unerörtert.

Auch bei der Darstellung der Opfer versagt das Stück, wenngleich nicht verleugnet werden kann, daß es einige frappierende Beobachtungen enthält, so z. B. in der Bemerkung des Majors, daß man in der Diktatur noch im Schlaf lüge, um sich zu tarnen und die Wahrheit zu verbergen.[507] Im übrigen aber wird das Leiden der Opfer auf eine Weise vorgeführt, deren Absicht und mögliche Wirkung schwer einzuschätzen sind. Einige Partien, die durch die Vorstellung individueller menschlicher Schicksale geeignet wären, Anteilnahme etwa im Sinne der traditionellen Mitleidsdramaturgie zu wecken, werden sozusagen durch das Abweichen vom ‚mitleidsfähigen' Normalmaß um ihre potentielle Wirkung gebracht. Dies ist z. B. im sechsten Bild der Fall, wo das problematische Verhältnis zwischen der Präsidentin, ihrem Sohn und dem Major nicht wirklich genutzt wird für eine ergreifende oder betroffen machende Veranschaulichung der Deformationen des Menschen in der Diktatur. Wenn die Präsidentin mit Blick auf ihren Sohn sagt, sie komme sich vor wie eine „Stute", „die einen Maikäfer zur Welt bringt",[508] fällt es schwer, in ihr überhaupt noch den Menschen zu sehen, die Mutter, die Anteilnahme oder Mitleid verdient. Ihr Defizit an Menschlichkeit macht sie zu einer Figur, der man kein Mitgefühl entgegenbringen kann, obwohl auch sie ein Opfer der Diktatur ist, die eine Existenz ohne Deformationen nicht ermöglicht. Dies gilt auch für die Prostituierte Stella, nur daß bei ihr die Abweichung vom Normalmaß nicht in Richtung menschlicher Erkaltung, sondern Fanatisierung geht. Von der bemitleidenswerten Tochter aus gutem Haus (im dritten Bild) wird sie zur Bestie, die dem Professor den Hals abbeißt (im siebten Bild). Mitleid und Trauer werden durch die Groteske unmöglich gemacht, aber aus keinem der Fälle – außer vielleicht dem des gescheiterten Anführers des Putschversuchs – wird erkennbar, welche andere Haltung gegenüber den Opfern der Diktatur angebracht wäre, auch gegenüber denen, die sich nicht als Opfer fühlten und dem System positiv oder neutral gegenüberstanden.

Aufs Ganze gesehen bleibt zu sagen, daß Kästner mit seinem Verfahren der Typisierung und der grotesken Verzerrung weder eine intellektuell überzeugende noch eine ästhetisch besonders eindrucksvolle Darstellung der Funktionsweise einer modernen Diktatur und ihrer negativen Auswirkungen auf die Menschen geschaffen hat. ‚Die Schule der Diktatoren' ist weder eine bemerkenswerte Anregung oder eine Provokation für das politische Denken noch ein konsequent wirkender Stimulus für das moralische Räsonnement. Das Stück hat weder eine erkenntnisfördernde noch eine kathartische Wirkung; es erschöpft sich in der – legitimerweise versuchten – Apologie des Verzichts auf Widerstand gegenüber dem Machtapparat moderner Diktaturen.

Der Auseinandersetzung mit der jüngsten deutschen Vergangenheit, dann allerdings auch mit den Problemen der Nachkriegszeit und den politischen Entscheidungen für die Zukunft Deutschlands, stellte sich Kästner entschiedener im Kabarett, zu dessen Neubegründern er nach dem Kriege in München gehörte (1945 ‚Die Schaubude', 1951 ‚Die kleine Freiheit').[509] Für die ‚Schaubude' schrieb er 1947 den Liederzyklus ‚Deutsches Ringelspiel 1947',[510] eine resignative Geschichtsallegorie. Um die Figur der Zeit kreisen unter Spieluhrmusik marionettenhafte Schauspieler, die zeitgenössische und jüngstvergangene – oder bereits wieder zukünftige – Typen verkörpern: klagend eine verschneite Flüchtlingsfrau; zynisch ein fetter Geschäftemacher; enttäuscht und orientierungslos ein älterer Kriegsheimkehrer, der sich angesichts des Chaos und im Gefühl seiner Verlassenheit nach dem gewohnten „Stillgestanden" sehnt; im Tango-Rhythmus ein unbekümmert lebenssüchtiges Frauenzimmer; beschwörend die mädchenhafte Figur der „armen Jugend", die im Interesse einer menschlicheren Zukunft um einen Abbau des Nationalismus bittet; in kontrastiver Fügung ein Parteipolitiker, der mit dem Pathos der Uneigennützigkeit den Ausschließlichkeitsanspruch seiner Partei vertritt; ein verwilderter Halbwüchsiger, der durch Krieg und Nachkriegselend demoralisiert ist. Zwischen dem lebenslustigen Frauenzimmer und der Figur der „armen Jugend“ steht die „Figur des Dichters“, der die knapp überstandene Katastrophe beklagt und für einen moralisch konsequenten Neuanfang plädiert. Sein Refrain jedoch lautet:

„Ich bin der Dichter, der euch anfleht und beschwört.
Ihr seid das Volk, das nie auf seine Dichter hört.“[511]

Kontrahent des Dichters ist die als vorletzte erscheinende und mit eindeutigen Symbolen ausgestattete „Figur des Widersachers, der breitbeinig, Hände faul in den Taschen, stehenbleibt. Alte Breeches und schwarze Reitstiefel“. Die erste Strophe seines zynischen Lieds bezieht sich auf das Desaster des Dritten Reichs:

„Wir haben euch gezwungen und verlockt?
Stellt eure Unschuld bloß nicht untern Scheffel!
Wir haben euch die Suppe eingebrockt,
und ihr habt nicht mal einen Löffel!“

Doch der „Widersacher“ ist nicht nur der Repräsentant des Nationalsozialismus; er verkörpert vielmehr das zerstörerische Prinzip in der deutschen Geschichte schlechthin:

„Ablösung vor! Ihr erbt den Schrott und Schund.
Es ist, als ob wir's abgesprochen hätten!
Wir richten Deutschland jedesmal zugrund –
Und dann kommt ihr und dürft es retten.“

Dies wird noch in einer weiteren Strophe amplifiziert; danach folgt der Schlußgesang der Zeit, der die Menschen ermahnt, in Bescheidenheit vor dem unendlichen Universum die nichtswürdigen Rivalitäten und Streitigkeiten zu beenden.[512]

Im ‚Ringelspiel‘ verzichtete Kästner so gut wie ganz auf die unterhaltenden Momente, die für gewöhnlich ein wichtiges Merkmal des Kabaretts ausmachen. Statt dessen unterstellte er das Kabarett rigoros der Zeitkritik und der politischen Mahnung. Mit seinen – vor 1933 geäußerten – Befürchtungen durch die Geschichte ins Recht gesetzt, fühlte er sich legitimiert, vor neuen Verführungen zu warnen. Dabei behielt er jenes zwiespältige Gefühl gegenüber dieser selbstgestellten Aufgabe, das er ebenfalls schon vor 1933 entwickelt hatte und das im ,Ringelspiel' im Refrain des Dichters prägnant zum Ausdruck kommt. Einerseits war Kästner von der Notwendigkeit politischer Aufklärung und Mahnung überzeugt; andererseits war er jedoch von der Erfahrung geprägt, daß der Schriftsteller mit seinen literarischen Aktivitäten nichts gegen breite politische Bewegungen, gegen die Verführungskunst raffinierter Demagogen und die Verführbarkeit eines verunsicherten Volks ausrichten konnte. Daß Kästner, der sonst aller Metaphysik oder gar Geschichtstheologie abhold war, im ,Ringelspiel' dem Verführer und Zerstörer den biblisch-heilsgeschichtlichen Namen „des Widersachers" beilegte, ist symptomatisch nicht nur für seine Neigung zur Resignation, sondern auch für seine Skepsis gegenüber einer rationalen Erklärung und damit auch möglicherweise Beseitigung der sich wiederholenden geschichtlichen Katastrophen. Die „Figur des Widersachers" steht für alle jene negativen Kräfte, denen durch Vernunft und Moral nach Kästners Erfahrungen offensichtlich nicht beizukommen war. Daß damit – entgegen Kästners prinzipiell aufklärerischer Tendenz und Absicht – ein Moment der Mythisierung von Geschichte auf den Weg gebracht wurde, ist bemerkenswert auch im Hinblick auf ,Die Schule der Diktatoren'. Im symbolisierenden Charakter dieses Dramas, in der Abstrahierung von geschichtlich-realen Bedingungen ist eben dieses Moment der Mythisierung zu erkennen, durch welches letztlich das Erklärungsdefizit des Stücks gegenüber dem Zustandekommen und Funktionieren moderner Diktaturen verursacht ist.

Mit einem resignativen Unterton zwar, in der Benennung sozialer Mängel und im Aufweisen politisch fragwürdiger Entscheidungen aber wesentlich schärfer als vor 1933, begleitete Kästner mit seinen Kabarettstücken die weitere Entwicklung Deutschlands nach dem Zweiten Weltkrieg. Sein zweites größeres Stück von 1947, ,Die Schildbürger',[513] galt der „Weltpest der Bürokratie",[514] die im Nachkriegsdeutschland mit der ,Regulierung des Mangels'[515] und mit dem Aufbau neuer und ,effektiver' Verwaltungsstrukturen befaßt war, von Kästner sarkastisch kommentiert durch die Parole: ,,Die Bürokratie fordert gebieterisch die Berücksichtigung ihrer Grundrechte."[516] Die inhaltlichen Befürchtungen Kästners wurden inzwischen durch die Praxis eingeholt; die Kabarettnummer besticht noch heute durch den Sarkasmus ihrer Formulierungen. Im übrigen zeichnet sich in diesem Text auch die Affinität von Kästners Roman ,Fabian' zum Kabarett besonders deutlich ab: Am Ende der Szenenfolge tritt nämlich ein ,,Ortsfremder" auf, der die Zustände in Schilda mit ähnlich versierten Kommentaren bedenkt wie Fabian das Berliner Milieu.[517]

Zum zentralen Thema für Kästners Nachkriegskabarett wurde die Gefahr eines neuen Weltkriegs, der Aufschwung des Militarismus allenthalben und die sich bald schon abzeichnende Wiederaufrüstung Deutschlands. Mit der einen Ausnahme der bloß unterhaltsamen Szenenfolge ,Der Jahrmarkt' (1950)[518] gelten alle größeren Kabarettstücke Kästners diesem globalen Problem.

In der ,Kantate ,De minoribus" (1949)[519] verwendete Kästner ein ähnliches Motiv wie im gleichzeitig verfaßten Kinder- oder ,Familienbuch' ,Die Konferenz der Tiere': Da Kriege unvermeidbar zu sein scheinen, beschließen die Regierungen, vor Beginn kommender Kampfhandlungen alle Kinder unter vierzehn Jahren in eigens eingerichtete und im Krieg unantastbare Kinderzonen zu bringen. Der Alarm kommt, die Kinder werden von Soldaten abtransportiert, die Erwachsenen fallen den Atombomben zum Opfer. Einige versuchen als schreckliche Mutationen, sich auf die ,,seligen Kinderinseln" zu retten, müssen jedoch von den Wachposten ,,aus sanitären Gründen" getötet werden. Der Rezitator schließt: ,,Ihr trauriges Ende war unvermeidlich. Sie hatten die Kinder gerettet, ohne an die Menschen zu glauben. Das war ihr frommes Verbrechen."[520]

Die schockierende Wirkung dieses Kabarettstücks beruht nicht nur auf seinem gräßlichen Inhalt, sondern auch auf den verwendeten Ausdrucksmitteln. Kästner imitierte nämlich für diese ‚Geschichte des Unheils' den Erzählton der Evangelien und benutzte die (primär sakrale) Form der Kantate, die durch ihren Wechsel von Chor, Rezitativ, Bericht und lyrischer Soloeinlage leicht fürs Kabarett adaptiert werden konnte (die Musik dazu schrieb Karl Freilitzsch). Gewissermaßen als Kontrafaktur zehrt das Stück von der Bedeutung der Evangelien und der in ihnen verkündeten Heilsgeschichte, wird jedoch dadurch, daß es eben keine ‚frohe Botschaft' enthält, sondern den schrecklichen Untergang der politisch verantwortlichen Generationen projiziert, zum eindringlichen Aufruf, eine ernsthafte und niemanden ausschließende Friedensarbeit zu initiieren.

Indessen wurde weltweit aufgerüstet und auch die Wiederbewaffnung Deutschlands vorbereitet. „Während es in unserer Republik noch bei Strafe verboten war, auch nur eine Jagdflinte zu besitzen, wurden Hitlergeneräle nach Bonn beordert, um hinter verschlossenen Türen der Regierung wertvolle Ratschläge zu erteilen."[521] Das mit dieser Erläuterung (von 1959) eingeleitete witzig-ironische Chanson ‚Solo mit unsichtbarem Chor' (1952) wird von einem Gemüse züchtenden General vorgetragen, der sich jovial über Vergangenheit, Gegenwart und Zukunft seines Stands ausläßt: Frühere Kriege waren für ihn allesamt Siege, Obst- und Gemüseanbau betreibt er nicht etwa geläutert als eigentlich menschenwürdige Aufgabe, sondern als quasi paramilitärische Übergangsbeschäftigung bis zur erneuten ‚Rettung' Deutschlands:

„Hauptsache, daß wir wieder Ordnung kriegen.
Und das deutsche Rückgrat wieder gradebiegen.
Und daß wir wieder mal richtig liegen.
Und, wenn es sein muß, zum drittenmal siegen!"

Der – bezeichnenderweise – unsichtbare Chor antwortet diesem Wiederaufrüstungsagenten:

„Ohne uns, ohne uns,
ohne uns, Herr General!
(...)

Ohne SIE, ohne SIE,
ohne SIE, Herr General!"[522]

Formulierte Kästner damit seinen eigenen und den nach seiner Überzeugung einzig richtigen Standpunkt, im übrigen sicher auch den Wunsch vieler Mitbürger, so zeigte er in dem Kabarettstück ,Eine Rahmenhandlung' (1950),[523] was er für den Fall des Wiederaufrüstungsbeschlusses befürchtete. In diesem Stück „für ein Kabarett im vierten Stock" (wie die ,Kleine Freiheit' in Schwabing) erhalten nämlich die Ensemblemitglieder und der Wohnungsinhaber während der Vorführung nacheinander die befehlsmäßige Aufforderung, in ihre alten Funktionen zurückzukehren: als Raketen-Offizier, Kanonenproduzent, Stabsarzt, Wehrmachtsschauspieler. Zwar werden Bedenken geäußert: „Sagst du'n dazu? Da ham wir noch immer kein' Frieden, bloß'n bißchen Ruhe, und schon bieten sie einem wieder Kost, Logis und'n bunten Anzug an! Und alles gratis!"[524] Letzten Endes aber folgen alle, mit mehr oder minder melancholischem Rückblick auf ihr pazifistisch-kabarettistisches Zwischenspiel, dem Stellungsbefehl und den verlockenden Rang- und Geldangeboten.

Daß aus dem „bißchen Ruhe" doch noch „Frieden" würde: dafür hat sich Kästner als zeitkritischer Kabarettist und Journalist unablässig eingesetzt. Das Problem der Friedenssicherung ist ein bevorzugtes Thema seiner journalistischen Arbeiten nach 1945. Kästner wandte sich gegen eine militante Geschichtsschreibung, die einseitig Kriegshelden verherrlichte und „Kriegsgeschichte für Weltgeschichte" ausgab,[525] er verurteilte den quasi vormilitärischen Gehorsamsdrill an den Schulen;[526] er wandte sich gegen das „Kriegsbedürfnis" der nationalsozialistischen Staatenwelt;[527] er plädierte für die Errichtung eines friedlichen ,Weltstaats' mit einem realen Weltbürgertum;[528] er schlug – bezeichnenderweise in der Form eines Märchens – vor, die militärischen Aufwendungen und Potentiale in friedliche Investitionen und Kultivierungsleistungen zu verwandeln;[529] es ging ihm, wie man zusammenfassend sagen kann, nicht um ,realpolitische' Überlegungen zur immer nur provisorischen Friedenswahrung, sondern um die Verbreitung einer radikal pazifistischen und weltbürgerlichen Gesinnung als allein taugliche Voraussetzung für einen echten Frieden ohne Angst. Und für kurze Zeit glaubte er die Chance zu sehen, daß die Stimme der Vernunft gehört würde und die Idee des Pazifismus Anklang fände. Im Juni 1946 schrieb Kästner: ,,Der Krieg ist aus. Die Übermenschen sind gegangen. Und die Dichter dürfen wieder ihr altes Amt übernehmen, uns daran zu erinnern, daß wir, wenn schon nicht gut, so doch besser werden sollten. Und wenn nicht aus Liebe und Güte, so um Himmels willen endlich aus Gründen der Vernunft! Ehe der Globus mit einem lauten Knall zerplatzt!"[530]

Diese Sätze beschreiben die Absicht, die Kästner speziell auch mit seinen journalistischen Arbeiten nach 1945 verfolgte. Der Mitarbeit an der ,Neuen Zeitung' hatte er sich ja unterzogen, weil ihm das ,,tägliche Pensum", weil ihm die ,tägliche Dosis Aufklärung' im Medium der Zeitung und des Kabaretts wichtiger war als das Schreiben ,,dicker Kriegsromane" und das Vervollständigen der ,,Gesammelten Werke".[531] Die gemeinsame Überschrift für die – auch heute noch lesenswerten – Essays, die Kästner in verschiedenen Zeitungen und Zeitschriften veröffentlichte (und 1959 im 5. Band der ,Gesammelten Schriften' zusammenstellte), könnte etwa lauten: Moral- und Kulturpädagogik in der Nachkriegszeit. Was damit gemeint ist, soll durch den folgenden Überblick über besonders wichtige Essays verdeutlicht werden.

Einen wichtigen Themenbereich bilden das Leben im Dritten Reich,[532] die NS-Verbrechen,[533] die Nürnberger Prozesse,[534] das Problem der sogenannten Entnazifizierung[535] und die Frage der ,Gesamtschuld'.[536] Kästner machte hier seine ,Beobachtererfahrungen' geltend, versuchte zu dokumentieren und zu erklären, ohne zu entschuldigen, klagte an – in Einzelfällen namentlich –,[537] ohne zu richten. Die These von der ,Gesamtschuld' lehnte Kästner ab;[538] er verteidigte die Gezwungenen, die nicht anders konnten als bleiben und dulden. Im Rückblick zu Weihnachten 1950 erschien ihm die „Ratlosigkeit des Gewissens“ als „das Schlimmste“ der Zeit unter dem NS-Regime.[539]

Nach Kästners Ansicht war das Dritte Reich mit all seinen Greueln nur möglich gewesen, weil die in langer Tradition anerzogene Untertanenmentalität des deutschen Volks dem totalitären Anspruch des Nationalsozialismus entgegenkam.[540] Konsequenterweise setzte sich Kästner für die Revision des auf den Obrigkeitsstaat fixierten Geschichtsbilds[541] und Tugendsystems[542] ein. Vor allem ging es ihm darum, das Gefühl für individuelle Verantwortung zu stärken: Das eigene „Gewissen“ sollte vor allen anderen Autoritäten und Normen als die für das eigene Handeln entscheidende Instanz beachtet werden.[543]

Als Moralist nahm Kästner in vielen Zeitungsartikeln zu gesellschaftlichen und politischen Problemen der Nachkriegszeit Stellung, so z. B. zu den Gepflogenheiten des Schwarzen Markts,[544] zum Phänomen der ‚verlorenen Generation‘[545] und der Auswanderungsabsichten vieler jungen Leute,[546] zum Problem der Familienzusammenführung,[547] zum Fortwirken von NS-Urteilen gegen Widerstandskämpfer,[548] zur allgemeinen Not an Lebensmitteln und Zivilisationsgütern,[549] zur allmählich spürbar werdenden Entfremdung zwischen den einzelnen Besatzungszonen.[550] Kästner musterte die Nachkriegszeit mit kritischem Blick und beschrieb sie bisweilen mit satirischen Untertönen, auch wenn er damit Anstoß erregte. Zur Legitimation seiner satirischen Schreibart verfaßte er damals die eingangs betrachtete ‚Kleine Sonntagspredigt‘[551] und einen bissigen Aufsatz über das ‚Zeitalter der Empfindlichkeit‘, in dem es abschließend heißt: „Kritik, Kontroverse, Pamphlet und Polemik sind mehr denn je Fremdwörter. Die Leser müssen wieder lesen und wir Publizisten müssen wieder schreiben lernen.“[552]

Den Neubeginn des literarischen Lebens, dem viele seiner Essays galten, sah Kästner erschwert insbesondere durch Mängel, die aus der Epoche des Dritten Reichs resultierten. Es fehlte, wie Kästner beim Aufbau der Feuilletonredaktion der ‚Neuen Zeitung' feststellen mußte, an fähigen und durch die NS-Zeit nicht korrumpierten Journalisten,[553] an Kulturschaffenden in allen Bereichen;[554] es fehlte an Büchern, Bibliotheken und Archiven.[555] Aber nicht nur personell und materiell hatte das Dritte Reich Lücken gerissen; es hatte auch die kulturelle Tradition und die Entwicklung der modernen Kunst und Literatur in Deutschland unterbrochen. Erschrocken registrierte Kästner „das geschmackliche Analphabetentum der Jugend", forderte zur Abhilfe eine intensivere, sozusagen nachholende „Kunsterziehung"[556] und schlug die Einrichtung von Kindertheatern und Jugendbibliotheken vor.[557]

Das schwerwiegendste Problem des literarischen Lebens sah Kästner in der zwölfjährigen Isolierung der deutschen Literatur durch die „Quarantäne" des Dritten Reichs, die sich über die ersten Nachkriegsjahre hinweg fortsetzte: Bevormundung durch die Kulturprogramme der Alliierten und Mangel an Büchern; Fehlen von Auslandskontakten oder Mißtrauen seitens der ausländischen Kollegen. „Die faktische und geistige Quarantäne Deutschlands muß aufgehoben werden", forderte Kästner im Juni 1947[558] und bat auf dezente Weise um einen Besuch Thomas Manns in Deutschland:[559] als unübersehbares Signal der Versöhnung zwischen ‚äußerer' und ‚innerer' Emigration, zwischen der nichtfaschistischen Literatur außerhalb und innerhalb Deutschlands.

Drei Jahre später, 1950, legte Kästner eine knappe Bestandsaufnahme vor, überschrieben mit dem bezeichnenden Titel ‚Die literarische Provinz'.[560] Kästner stellte darin – unter Berufung auf einen namentlich nicht genannten Emigranten – die These auf, daß die deutsche Literatur trotz mancher beachtlicher Neuansätze „von einem Zweige der Weltliteratur ins Provinzielle heruntergefallen" sei.[561] Er nannte dafür fünf Ursachen: 1. die fortbestehende Trennung zwischen ausländischer und inländischer Literatur; 2. die Orientierung an „mittelmäßige(n) und belanglose(n) Autoren" während des Dritten Reichs; 3. die nicht revidierbare Vertreibung und Vernichtung von künstlerischen Talenten und Leitfiguren durch die Nazis;

4. die Spaltung in West- und Ostdeutschland und den Verlust einer kulturellen Hauptstadt; 5. die überraschende Konfrontation mit den Literaturen der Siegernationen ohne fundierte Kenntnis der (zum guten Teil ja verbotenen) eigenen Literatur. Kästners Fazit: „Das Notwendigste ist: unsere zerstückelte Literatur wieder zusammenzufügen. Das Ganze, das dann entstünde, wäre wesentlich mehr als die Summe seiner einzelnen Teile. Es handelt sich um kein schöngeistiges Puzzlespiel für den deutschen Feierabend, sondern um unseren kulturellen Auftrag Nummer eins."[562]

VIII. Anmerkungen

Zur Zitierweise: Kästners Werke werden – mit wenigen Ausnahmen – zitiert nach den ‚Gesammelten Schriften' (Atrium Verlag Zürich 1959), abgekürzt GS, römische Bandnummer, arabische Seitenzahl, also z. B.: GS III, 142; in Einzelfällen muß auf andere Ausgaben verwiesen werden. Die Forschungsliteratur wird zitiert mit dem Nachnamen des Verfassers, dem Kurztitel des Werks und der Seitenzahl; der vollständige Titel bzw. der Erscheinungsort ist dann aus dem Literaturverzeichnis zu ersehen.

1. GS V, 204; zu Heine ebd. 529f., zu Büchner 544ff.; vgl. dazu Beutler: Erich Kästner, 60ff.
2. GS V, 567
3. GS I, 284f. (erstmals in ‚Dr. Kästners Lyrische Hausapotheke' [1936], S. 193); zur Bedeutung Lessings für Kästner vgl. auch Winkelmann: Existentialist Elements, bes. 44
4. GS II, (41) und 153
5. GS I, 284
6. GS V, 547 und GS I, 126
7. GS V, 267ff.
8. GS V, 535f.
9. GS V, 205
10. GS V, 14
11. GS V, 304
12. GS II, 33
13. GS II, 252
14. GS V, 59
15. GS V, 59, 125, 368, 498, 560; zum Problem des Fortschritts vgl. auch GS I, 223f. (‚Die Entwicklung der Menschheit') und Walter: Zeitkritik, 10ff.
16. GS V, 498 (‚Der Kunstsalon')
17. GS VII, 16
18. GS V, 43; vgl. auch V, 14 und 119 sowie I, 322
19. GS V, 264f. und 497f.
20. GS V, 230 (‚Marktanalyse')

21. Vgl. Enderle: Erich Kästner, 61
22. Vgl. Mayer: Zur deutschen Literatur der Zeit, 51
23. GS II, 191f.
24. GS II, 9f.
25. GS V, 490ff.
26. Vgl. Horst: Erich Kästner, 1175ff.; vgl. auch Benson: Erich Kästner, 7ff.
27. GS V, 303 sowie 415ff. und 184ff.; vgl. Enderle: Erich Kästner, 63
28. GS V, 119; vgl. ebd. 304 und 489; vgl. Beutler: Erich Kästner
29. GS V, 90
30. GS V, 301ff. (‚Kästner über Kästner')
31. GS V, 545
32. Vgl. Benson: Erich Kästner, 11ff.
33. GS V, 117ff.
34. Gay: Republik der Außenseiter, 107
35. GS V, 547; vgl. dazu Beutler: Erich Kästner, 60ff.
36. „Ernst ist das Leben, heiter ist die Kunst" steht am Ende des programmatischen Prologs zu ‚Wallensteins Lager'.
37. Vgl. Schillers Definition von Satire in seiner Abhandlung ‚Über naive und sentimentalische Dichtung'
38. GS V, 489 (‚Bei Durchsicht meiner Bücher')
39. GS V, 122 (‚Der Abgrund als Basis')
40. GS V, 304 (‚Kästner über Kästner')
41. Walter: Zeitkritik und Idyllensehnsucht
42. Schwarz: Erich Kästner, 124
43. Schwarz: Die strampelnde Seele, 117
44. GS V, 553
45. GS V, 148ff. (ähnlich auch V, 154 ‚Gespräch im Grünen')
46. Michelsen: Die Trauer des Utopisten, 165
47. GS V, 365 (‚Grenzpfähle und Grenzfälle')
48. GS V, 187 (‚Der trojanische Wallach')
49. GS V, 102
50. GS V, 499
51. GS V, 540
52. GS V, 544f.
53. GS V, 540
54. Vgl. GS V, 540f. (‚Eine Nachrede als Vorrede')
55. Vgl. Walter: Zeitkritik, 133ff.; Benson: Erich Kästner, 83ff.

56. Vgl. Baacke: Spiele jenseits der Grenze, 356
57. GS V, 44 (‚Die einäugige Literatur')
58. GS V, 46
59. Ebd.
60. GS V, 263 (und 512)
61. Vgl. Horst: Erich Kästner, 1177
62. Benjamin: Linke Melancholie, 279ff.
63. Ebd. 281
64. Andersch: Das Andersch-Lesebuch, 98 (‚Der Seesack'); vgl. auch 126 und 135ff.
65. Vgl. Horst: Erich Kästner, 1179
66. GS I, 6f.
67. Vgl. Horst: Erich Kästner, 1178
68. Vgl. ebd. 1184; auch Enderle: Erich Kästner, 118; auch Benson: Erich Kästner, 25f.
69. Vgl. Enderle: Erich Kästner; vgl. auch GS V, 579ff. (‚Vier Stationen')
70. Vgl. Beutler: Erich Kästner, 25ff.
71. GS VI, 5ff.
72. GS VI, 146
73. GS VI, 9
74. GS VI, 10
75. GS VI, 17, 18, 22, 27, 28, 30, (42), (44), 46, 56, 112, 138 u. ö.
76. GS VI, 7
77. GS VI, 154
78. GS VI, 137
79. GS VI, 149f.
80. Vgl. Beutler: Erich Kästner, 27
81. Vgl. Wehler: Das Deutsche Kaiserreich, 126ff.; Hohorst/Kocka/Ritter: Sozialgeschichtliches Arbeitsbuch, 157ff.; ein facettenreiches Bild der Zeit, in der Kästner aufwuchs, vermittelt Ritter/Kocka: Deutsche Sozialgeschichte, Band II, 1870–1914
82. GS VI, 82f.
83. GS VI, 102ff.
84. GS VI, 48
85. GS VI, 58
86. Vgl. Beutler: Erich Kästner, 34
87. Vgl. Enderle: Erich Kästner, 27

88. Vgl. Beutler: Erich Kästner, 35
89. GS VI, 127ff. und auch 65f.
90. GS V, 69f. (‚Zur Entstehungsgeschichte des Lehrers'); vgl. Enderle: Erich Kästner, 29f.; Beutler: Erich Kästner, 38; vgl. auch GS II, 174 (‚Fabian', Kap. 22)
91. GS II, 262ff.; zum biographischen Hintergrund vgl. Enderle: Erich Kästner, 29f.; vgl. auch GS VII, 56f. (‚Das fliegende Klassenzimmer', Kap. 5)
92. GS I, 163ff.
93. Vgl. Wehler: Das Deutsche Kaiserreich, 122ff.
94. GS V, 567
95. Erich Kästner: Friedrich der Große und die deutsche Literatur. Die Erwiderungen auf seine Schrift ‚De la littérature allemande'. Stuttgart usw. 1972; ein Auszug in Gesammelte Schriften für Erwachsene VI, 7–22
96. Vgl. das Geleitwort von Walter Müller-Seidel zu Kästners Dissertation (Anm. 95, 7f.) und die Rezension von Gunter Grimm, in: Germanistik 14 (1973), 152
97. Vgl. Friedrich der Große: De la littérature allemande ... Reprographischer Nachdruck Darmstadt 1968
98. Vgl. Kästner: Friedrich der Große und die deutsche Literatur, 26
99. Vgl. ebd. 23 und 12
100. Vgl. ebd. 12
101. Vgl. ebd. 32
102. Vgl. ebd. 18
103. Vgl. ebd. 38 u.ö., bes. 46
104. Vgl. ebd. 101
105. Vgl. Köhn: Überwindung des Historismus, (A) 759
106. Vgl. bes. Kästners oben zitiertes Gedicht über Lessing: GS I, 284f.; die für Lessings Wirkungsgeschichte so bedeutsame Kampfmethaphorik wurde von Kästner allerdings ‚pazifiziert'
107. S.u. den Anfang des Kapitels über Kästners Lyrik
108. GS V, 54
109. GS V, 542; auch 485 und 531
110. GS V, 531f. (‚Glückwünsche für Carl Zuckmayer')
111. GS V, 561 (‚Erich Ohser aus Plauen')
112. GS V, 589

113. Vgl. Benjamin: Linke Melancholie, bes. 281
114. GS V, 561
115. GS I, 9
116. GS V, 562; vgl. auch GS I, 54
117. Vgl. Gay: Republik der Außenseiter, 10, 14f., 36, 107, bes. 159, 173; zur Anziehungskraft Berlins auf die Intelligenz vgl. ebd. 168ff.
118. GS V, 485ff. (‚Begegnung mit Tucho') und GS I, 29f.
119. Walter: Zeitkritik (Untertitel); vgl. ebd. 268
120. GS V, 421: „. . ., daß 1917 in Rußland die Maschinengewehre nötiger waren als die christliche Geduld."
121. GS V, 562 (‚Erich Ohser aus Plauen'); vgl. auch das Lob Kästners für die Zeit der Weimarer Republik, in GS V, 94 (‚Erste Hilfe gegen Kritiker')
122. GS I, 104f. (‚Lob der Volksvertreter'); vgl. Walter: Zeitkritik, 69ff.
123. GS I, 202 (‚Weihnachtsfest im Freien')
124. GS II, 54 (Kap. 6: Duell zwischen dem Nationalsozialisten und Kommunisten)
125. Vgl. Walter: Zeitkritik, 43ff. und 95ff.
126. GS I, 235
127. GS I, 273
128. GS V, 446f.
129. GS V, 429f.
130. Vgl. Walter: Zeitkritik, 49
131. GS V, 185 (‚Der trojanische Wallach')
132. GS I, 299ff. (Weltbühne vom 1. Okt. 1930, 509); vgl. Walter: Zeitkritik, 45ff.
133. Vgl. Enderle: Erich Kästner, 62
134. Vgl. im einzelnen H. A. Walter: Deutsche Exilliteratur I, 154ff.
135. Vgl. Enderle: Erich Kästner, 62
136. GS V, 90 (‚Über das Auswandern') und 395f.
137. In ‚Notabene 45' berichtet Kästner von Morddrohungen: vgl. 58
138. Zum Problem der ‚inneren Emigration' und der literarischen Widerstandsmöglichkeiten vgl. Grimm: Im Dickicht der inneren Emigration; Emmerich: Die Literatur des antifaschistischen Widerstandes. – In beiden Aufsätzen wird Kästner nicht

erwähnt, doch sind sie sehr hilfreich für die Einschätzung seiner Situation.

139. Vgl. H. A. Walter: Deutsche Exilliteratur I, 177ff.; Schieder: Schriftsteller im Dritten Reich; Jens: Dichter zwischen rechts und links
140. GS V, 377f. (‚Briefe in die Röhrchenstraße'); vgl. dazu H. A. Walter: Deutsche Exilliteratur I, 187f. (W. bezieht Kästners Bericht auf den PEN-Club, während Kästner selbst undeutlich ist.)
141. Vgl. im einzelnen H. A. Walter: Deutsche Exilliteratur I, 189ff.
142. Vgl. Kästners Schilderungen: GS V, 488 und 571ff.; vgl. auch Enderle: Erich Kästner, 63
143. GS V, 540 und 546
144. GS V, 14 (‚Talent und Charakter'); vgl. Enderle: Erich Kästner, 65f.
145. GS IV, 245ff.
146. GS I, 23
147. Vgl. dazu DER SPIEGEL vom 29. Mai 1978, S. 204f.
148. GS IV, 434; vgl. Enderle: Erich Kästner, 77
149. Vgl. Enderle: Erich Kästner, 73f.
150. Vgl. ‚Notabene 45', 63
151. GS IV, 13 (1. Bild)
152. GS V, 572 (‚Über das Verbrennen von Büchern')
153. GS V, 346 (‚Splitter und Balken')
154. GS V, 338ff. (‚Unser Weihnachtsgeschenk') und 562 (‚Erich Ohser aus Plauen'); zum Widerstandsproblem vgl. GS V, 329, 397 und 517 sowie ‚Notabene 45', 197 und 230
155. GS V, 488f. (‚Bei Durchsicht meiner Bücher' [1946])
156 Vgl. auch ‚Notabene 45', 73f.
157. GS II, 247ff.
158. Vgl. Schwarz: Die strampelnde Seele, 141
159. GS V, 90 (‚Über das Auswandern')
160. GS I, 22 (Einleitung)
161. GS V, 11 (‚Kleine Chronologie' [1948], uber das Zusammentreffen mit Emigranten im Juli 1945): „Ewig kehrt die Frage wieder: ‚Warum sind Sie nicht emigriert, sondern in Deutschland geblieben?' Dem, der es nicht versteht, kann man's nicht erklären."

162. Vgl. ,Notabene 45', 190ff. (18. Juni 1945) und GS V, 23
163. GS I, 331
164. Vgl. Schwarz: Erich Kästner, 126
165. GS V, 305 (,Kästner über Kästner'), wo Kästner selbst sagt, er sei 1933 ,,freiwillig in Deutschland geblieben".
166. GS V, 23f. (,Gescheit, und trotzdem tapfer'); vgl. ,Notabene 45', 191
167. GS I, 330f.
168. S. u. das letzte Kapitel
169. S. u. das letzte Kapitel
170. Zitate nach der Originalausgabe (s. Literaturverzeichnis); auch in Gesammelte Schriften für Erwachsene VI, 55ff. und als Taschenbuch
171. Vgl. ,Notabene 45', 9 (Vorbemerkung)
172. Vgl. ebd. 17 (7. Februar)
173. Vgl. Literaturmagazin 7, 37
174. Vgl. ,Notabene 45', 32 (12. Februar); auch 154 (17. Mai)
175. Vgl. ebd. 7f. (Vorbemerkung)
176. GS V, 340 (,Unser Weihnachtsgeschenk')
177. Vgl. ,Notabene 45', 178 (15. Januar 1945)
178. Vgl. ebd. 10 (Vorbemerkung)
179. Vgl. ebd. 10f.
180. Aus der Fülle der bis heute publizierten Literatur verweise ich absichtlich auf ein Buch, das in denselben Jahren wie Kästners ,Notabene' erschien, weder einen dichterischen noch einen politologischen oder soziologischen Anspruch erhebt, aber doch wesentlich mehr ist, als nur eine Aneinanderreihung von einzelnen Beobachtungen und Erfahrungen: Primo Levi: ,Ist das ein Mensch? Erinnerungen an Auschwitz' (im italienischen Original 1958, deutsch 1961; Fischer Taschenbuch 2226); für den Alltag im Nazi-Deutschland ist weit aufschlußreicher als Kästners ,Notabene' z. B. Christabel Bielenberg: ,Als ich Deutsche war 1934–1945' (im englischen Original 1968, deutsch 1969; dtv 1494); im übrigen sei verwiesen auf Harald Focke/Uwe Reimer: ,Alltag unterm Hakenkreuz' (rororo 4431) und ,Alltag der Entrechteten' (rororo 4625), wo weitere Materialien und Hinweise zu finden sind.
181. Vgl. Raddatz: Wir werden weiterschreiben, 34
182. Vgl. Raddatz: Eine Replik, 57

183. In: Kritik am Sonntagabend. Literatur und Widerstand 1933–45. Leitung Jürgen Lodemann. 20. Juli 1980 (ARD)
184. S. u. letztes Kapitel
185. Vgl. von Bormann: Der Kalte Krieg, 83
186. Vgl. dazu Andersch: Das Andersch-Lesebuch, 94ff.
187. Pinguin. Für junge Leute. Jahrgang 1–4. Stuttgart 1946–49.
188. GS V, 13 und 393
189. GS V, 13, 16 und 387
190. GS V, 74f. (‚Der tägliche Kram')
191. GS V, 16 (‚Talent und Charakter')
192. GS V, 12 und 312 (‚Münchner Theaterbrief')
193. Vgl. GS I, 30 (Einleitung) und Enderle: Erich Kästner, 96
194. Vgl. GS I, 30 (Einleitung) und Enderle: Erich Kästner, 91, 94, 104, 120
195. Vgl. ‚Notabene 45', 73f. (23. März 1945)
196. Vgl. Andersch: Das Andersch-Lesebuch, 98; vgl. aber auch 135ff.
197. Vgl. ‚Notabene 45', 219 (29. Juni 1945)
198. GS II, 10f. und 191f.
199. GS V, 234 (‚Die literarische Provinz')
200. GS V, 206 (‚Das Zeitalter der Empfindlichkeit')
201. GS V, 302 (‚Kästner über Kästner')
202. Ebd. 303f.
203. Vgl. Walter: Gesellschaftskritik
204. GS V, 178, 209ff., 464ff., 530
205. Vgl. Enderle: Erich Kästner, 134
206. Vgl. dazu Erich Kästner: Briefe aus dem Tessin. Zürich 1977.
207. Vgl. Enderle: Erich Kästner, 135
208. GS V, 54 und bes. 561; vgl. Enderle: Erich Kästner, 48f.; Walter: Zeitkritik, 145f.
209. GS I, 64 (überarbeitete Fassung: die Zeitungsfassung [bei Walter: Zeitkritik, 145] weicht nur unwesentlich ab.)
210. GS V, 540
211. GS V, 418; vgl. Walter: Zeitkritik, 162
212. GS V, 415ff.; Weltbühne vom 14. Mai 1929, 745ff.; vgl. auch GS V, 184ff. (‚Der trojanische Wallach' [1950] und GS II, 9f. und 192f. (‚Fabian', Vorworte [1950])
213. GS V, 418
214. GS I, 80

215. Vgl. Winkelmann: Social Criticism, 90
216. Vgl. Walter: Zeitkritik, 151
217. GS I, 54f.
218. Vgl. Walter: Zeitkritik, 149; zum ‚Fabian' auch Lethen: Neue Sachlichkeit, 150
219. Vgl. Walter: Zeitkritik, 153; möglicherweise wären hier auch von Theweleit (Männerphantasien) vorgebrachten Thesen zu berücksichtigen, doch geht dieser von einem Männertypus aus, dem Kästner gerade nicht zuzuordnen ist; die Übertragbarkeit von Theweleits Erkenntnissen auf Kästner müßte sorgfältig geprüft werden.
220. Vgl. Walter: Zeitkritik, 151
221. GS I, 211f.
222. GS I, 41f. (‚Ein Baum läßt grüßen')
223. GS I, 69f. (‚Ballgeflüster') und 243f. (‚Ball im Osten')
224. GS I, 51 (‚Ein Kind etwas frühreif') und 69f. (‚Ballgeflüster')
225. GS I, 169f.; vgl. Walter: Zeitkritik, 156f.
226. Vgl. Walter: Zeitkritik, bes. 159ff.
227. Beispiele ebd.
228. GS I, 152 (‚Möblierte Melancholie'); auch GS I, 49 (‚Frau Großhennig schreibt an ihren Sohn')
229. GS I, 40 (‚Chor der Fräuleins'); vgl. auch GS I, 116 (‚Ein Fräulein beklagt sich bitter'), 147f. (‚Das Gebet keiner Jungfrau'); mit ähnlicher Problematik GS I, 149f. (‚Plädoyer einer Frau') und auch 92 (‚Mädchens Klage')
230. GS I, 40 (‚Chor der Fräuleins')
231. GS I, 147f. (‚Das Gebet keiner Jungfrau') und auch 261f. (‚Eine Animierdame stößt Bescheid')
232. GS I, 80 und 147; auch 54f. (‚Ansprache einer Bardame')
233. GS I, 37f.
234. GS I, 178f.
235. Vgl. Riha: Literarisches Kabarett und Rollengedicht, 387f., 390, 392
236. Vgl. Winkelmann: Erich Kästner and Social Criticism; Social Criticism in the Early Works of Erich Kästner
237. Vgl. Schwarz: Die strampelnde Seele
238. Vgl. Klotz: Lyrische Anti-Genrebilder
239. Vgl. Walter: Zeitkritik
240. GS I, 178; vgl. auch GS II, 50f. (‚Fabian', Kap. 6)

241. GS I, 182 (‚Primaner in Uniform')
242. GS I, 138 (‚Zitat aus großer Zeit')
243. GS I, 101 (‚Sergeant Waurich'); vgl. auch Gesammelte Schriften für Erwachsene IV, 258ff. (‚Duell bei Dresden')
244. GS I, 37 (‚Jahrgang 1899')
245. GS I, 141 (‚Monolog des Blinden'); vgl. auch GS II, 52 (‚Fabian', Kap. 6)
246. GS I, 102 (‚Sergeant Waurich')
247. Vgl. Walter: Zeitkritik, 21ff., bes. 24f.
248. Vgl. ebd. 23f.
249. GS I, 96 (‚Stimmen aus dem Massengrab'); vgl. auch 270 (‚Verdun, viele Jahre später')
250. GS I, 216f. (‚Das letzte Kapitel')
251. GS I, 163f.
252. GS I, 56
253. GS I, 226 (‚Brief an meinen Sohn', Strophe 7)
254. GS I, 40 (‚Ein Traum macht Vorschläge') und 108 (‚Fantasie von übermorgen')
255. GS I, 180
256. GS I, 96 (‚Stimmen aus dem Massengrab') und 138 (‚Zitat aus großer Zeit'); vgl. auch 164 (‚Die andre Möglichkeit', Strophe 5)
257. GS I, 182f. (‚Primaner in Uniform'); vgl. auch GS V, 322
258. GS V, 446f. (‚Dummheit zu Pferde')
259. GS I, 108 (‚Fantasie von übermorgen', Strophe 3)
260. GS I, 91; vgl. auch 108 (‚Fantasie von übermorgen') und 300 (‚Ganz rechts zu singen')
261. Vgl. Berghahn: Militarismus, 40ff.: Die allgemeine Militarismus-Diskussion seit dem Ende des 19. Jahrhunderts
262. GS I, 56 (‚Kennst du das Land')
263. GS I, 46 (‚Die Welt ist rund') und 117 (‚Offner Brief an Angestellte'); vgl. auch 261 (‚Das Eisenbahngleichnis') und 135 (‚Hymnus auf die Bankiers'); vgl. Walter: Zeitkritik, 74ff.
264. GS I, 117f. (‚Offner Brief an Angestellte'); vgl. auch GS II, 117 (‚Fabian', Kap. 14)
265. GS I, 46 (‚Die Welt ist rund'); 50 (‚Die Tretmühle'); 90 (‚Knigge für Unbemittelte')
266. Vgl. Walter: Zeitkritik, 74ff.

267. GS I, 207 (‚Dem Revolutionär Jesus zum Geburtstag', Strophen 3 und 4)
268. GS I, 65 (‚Der Mensch ist gut', bes. Strophen 5 und 6); vgl. auch 262f. (‚Legende, nicht ganz stubenrein'); s. o. Anm. 242 und 249
269. GS I, 176f.; Weltbühne vom 10. Juni 1930, 864
270. Vgl. Walter: Zeitkritik, 85ff.
271. Vgl. ebd. 89
272. Vgl. GS I, 150f. (‚Vornehme Leute, 1200 Meter hoch') und 175f. (‚Maskenball im Hochgebirge')
273. GS I, 185 (‚Vorstadtstraßen')
274. Vgl. Winkelmann: Erich Kästner and Social Criticism, 367
275. Vgl. von Bormann: Weimarer Republik, 262; besonders beachtenswert zum Problem der gesellschaftlichen Veränderung ist auch Kästners Gedicht ‚Belauschte Allegorie': GS I, 195f.
276. Vgl. Gay: Republik der Außenseiter, 188
277. S. o. im Kap. 1
278. GS I, 40f. (‚Chor der Fräuleins')
279. GS I, 203f. (‚Ein Buchhalter schreibt seiner Mutter')
280. GS I, 143f. (‚Chor der Girls')
281. GS I, 54f. (‚Ansprache einer Bardame') und 261f. (‚Eine Animierdame stößt Bescheid')
282. GS I, 65f. (‚Epistel eines Dienstmädchens namens Bertha')
283. GS I, 133f. (‚Das Gemurmel eines Kellners')
284. GS I, 239f. (‚Das Riesenspielzeug')
285. GS I, 105f. (‚Eine Mutter zieht Bilanz'); 132 (‚Ein Mann verachtet sich'); 224f. (‚Die Ballade vom Mißtrauen')
286. Zum Terminus ‚Rollenlyrik' vgl. Walter: Zeitkritik, 221ff.; vgl. auch Riha: Literarisches Kabarett und Rollengedicht, 387f.
287. Vgl. Schäfer: Naturdichtung und Neue Sachlichkeit, 362
288. GS I, 125f.; zum literaturgeschichtlichen Kontext dieser Ausführungen vgl. Denkler: Die Literaturtheorie der zwanziger Jahre, bes. 312
289. GS V, 483f.
290. GS V, 547 und vgl. dazu Köhn: Überwindung des Historismus, (B) 123 und 133
291. GS V, 267ff. (‚Diarrhoe des Gefühls')
292. Vgl. Walter: Zeitkritik, 224ff.

293. Vgl. Benjamin: Linke Melancholie, 281: „Kästner, der eine große Begabung ist, ...“; Klotz: Lyrische Anti-Genrebilder, 488: „Als artistisch virtuos formulierte Zeugnisse der Neuen Sachlichkeit, ...“, aber auch 493; bemerkenswert zum Thema ‚Gebrauchslyrik‘ auch Benjamin: Gebrauchslyrik
294. GS I, 315ff. (‚Kurz und bündig‘)
295. GS I, 65
296. GS I, 81
297. GS I, 95
298. Vgl. bes. Klotz: Lyrische Anti-Genrebilder, bes. 493
299. Vgl. Schäfer: Naturdichtung und Neue Sachlichkeit, 362
300. GS I, 79
301. GS I, 102f.
302. GS I, 276
303. GS I, 290
304. GS I, 347ff., Zitat 352 (Vorwort)
305. GS I, 351f.
306. GS I, 161f. (‚Kurt Schmidt, statt einer Ballade‘)
307. GS IV, 209ff.
308. GS I, 113f.
309. GS I, 80f.
310. GS I, 88f.
311. GS I, 91
312. Vgl. Walter: Zeitkritik, 144
313. GS I, 231f. – Der negativen Tendenz von Volker Klotz‘ Deutung dieses Gedichts (vgl. Lyrische Anti-Genrebilder, 492f.), die mehr unterschwellig zum Ausdruck gebracht als explizit gemacht und begründet wird, kann ich nicht folgen.
314. Zur ‚Neuen Sachlichkeit‘ vgl. Denkler: Die Literaturtheorie der Zwanziger Jahre; Denkler: Sache und Stil; Lethen: Neue Sachlichkeit; Prümm: Neue Sachlichkeit; Voigt: Sachlichkeit und Industrie; Köhn: Überwindung des Historismus, 704ff., bes. 726ff.; Hermand: Einheit in der Vielheit; Hackert/Hennig: Neo-obiettivismo
315. Vgl. bes. Schwarz: Die strampelnde Seele, 127ff.; Schwarz: Erich Kästner, 126; Walter: Zeitkritik, 10, 129, 139
316. Vgl. Denkler: Die Literaturtheorie der Zwanziger Jahre. – Von Kästner gibt es, soweit ich sehe, nur eine direkte Äußerung über sein Verhältnis zum Expressionismus. Zurückblik-

kend auf die Jahre nach 1918, schrieb er 1946: „Wie haben wir die expressionistische Lyrik mitsamt ihren Unarten verteidigt!" (GS V, 29: ‚Die Augsburger Diagnose')

317. Vgl. Schwarz: Die strampelnde Seele, 127ff.
318. Vgl. Klotz: Lyrische Anti-Genrebilder, 481ff.; auch Klotz: Forcierte Prosa, 258
319. Vgl. Klotz: Lyrische Anti-Genrebilder, 481 (über Heym); auf die bedenklichen Seiten von Heyms Untergangs- oder Zerstörungsvisionen weist zurecht Herbert Lehner hin: Geschichte der deutschen Literatur vom Jugendstil zum Expressionismus, 701
320. S. o. im Kap. 1
321. GS I, 201
322. Vgl. Benjamin: Linke Melancholie, 279 und 281; zum Problem des Leserkreises von Kästners Gedichten vgl. Walter: Zeitkritik, 64ff., bes. 66
323. GS IV, 209ff.; zum Hintergrund der Berliner Kabarettkultur vgl. Riha: Literarisches Kabarett und Rollengedicht; Schütz/Vogt: Einführung in die deutsche Literatur des 20. Jahrhunderts; bes. Hippen: Kabarett zwischen den Kriegen
324. GS IV, 209 und 243
325. GS IV, 212ff. und GS I, 161f.
326. GS IV, 242f.
327. GS IV, 213f.
328. GS IV, 211
329. GS IV, 226
330. Vgl. Neumann: Die Parodien, 251
331. Vgl. Walter: Zeitkritik, 239
332. Vgl. Kaes: Kino-Debatte. Literatur und Film 1909–1929
333. Für Kästner s. o. den biographischen Abriß; für Fabian vgl. GS II, 38 (Kap. 4)
334. Vgl. Walter: Zeitkritik, 243 und prägnant: GS II, 125 (‚Fabian', Kap. 15)
335. Vgl. Arnheim: Moralische Prosa (Weltbühne vom 24. November 1931, 789)
336. Vgl. Klotz: Forcierte Prosa, 255
337. Vgl. Walter: Zeitkritik, 241; vgl. Klotz: Forcierte Prosa, 255
338. GS II, 16 (Ende von Kap. 1)
339. GS II, 38 (Kap. 4)

340. Kayser: Das sprachliche Kunstwerk, 363ff.; vgl. Beutler: Erich Kästner, 117f.; Walter: Zeitkritik, 241
341. GS II, 176 (Kap. 22)
342. Vgl. Klotz: Forcierte Prosa, 258
343. GS II, 54 (Kap. 6)
344. GS II, 81 (Kap. 10)
345. Vgl. Spiel: Spiegelbild einer Generation
346. Vgl. Dahle: Hatte der Globus die Krätze, 146ff.
347. GS II, 44 (Kap. 5)
348. GS II, 24ff. (Kap. 3)
349. GS II, 29ff. (Kap. 3)
350. GS II, 181 (Kap. 24)
351. GS II, 42f. (Kap. 5) und 66 (Kap. 8)
352. GS II, 44 (Kap. 5)
353. GS II, 65f. (Kap. 8) und 167 (Kap. 21)
354. Vgl. Lethen: Neue Sachlichkeit, bes. 145
355. GS II, 44 (Kap. 5)
356. GS I, 179
357. GS II, 215 und GS V, 118
358. S.o. in Kap. 1 und vgl. auch Gay: Republik der Außenseiter
359. GS II, 50 (Kap. 6)
360. GS II, 81 (Kap. 10)
361. Vgl. Benjamin: Linke Melancholie; Lethen: Neue Sachlichkeit, 153; zur Kritik an Lethen vgl. Prümm: Neue Sachlichkeit; Voigt: Sachlichkeit und Industrie. – Werner Fuld hat in seinem Buch ‚Walter Benjamin. Zwischen den Stühlen. Eine Biographie. München und Wien 1979', 176ff. Kästners ‚Fabian' als Berliner „Schlüsselroman" und als Racheakt Kästners auf Benjamins ‚Linke Melancholie' bezeichnet. Anhand biographischer Details (Beschäftigung mit Lessings Trauerspiel, gescheiterte Habilitation, Selbstmord) glaubte Fuld zeigen zu können, daß „es sich bei Stephan Labude um Benjamin" handelt (177). Fuld hätte sich jedoch durch das Studium der Forschungsliteratur zu Kästner darüber unterrichten können, woher diese Details stammen: aus dem Leben Kästners und seines Freundes Ralph Zucker (vgl. Enderle: Erich Kästner, 35 und 40). Fulds leichtfertige Mutmaßungen sind durch keinerlei externe Belege abgesichert und entbehren jeglicher Stringenz

362. GS II, 42 (Kap. 5, Absatz 2)
363. Vgl. Lethen: Neue Sachlichkeit, 152
364. GS II, 31 (Kap. 3)
365. GS II, 54 (Kap. 6)
366. GS II, 99 (Kap. 12)
367. Vgl. Dahle: Hatte der Globus die Krätze?
368. GS II, 30 (Kap. 4)
369. GS II, 74 (Kap. 9)
370. GS II, 116 (Kap. 13) und 124 (Kap. 15)
371. GS II, 117ff. (Kap. 14); vgl. dazu bes. Beutler: Erich Kästner, 124ff. und Walter: Zeitkritik, 249ff.
372. GS II, 117 (Kap. 14)
373. GS II, 117; vgl. dazu Kästners Gedicht ‚Offner Brief an Angestellte': GS I, 118
374. GS II, 120 (Kap. 14)
375. GS II, 15ff. (Kap. 1 und 2); zum Typus der Irene Moll vgl. Harrigan: Die emanzipierte Frau, 71f.
376. GS II, 121f. (Kap. 14)
377. GS II, 129 (Kap. 15); zu Cornelia als Typus vgl. auch Kästners Gedicht ‚Karriere?': GS I, 199
378. GS II, 147ff. (Kap. 18)
379. GS II, 141ff. (Kap. 17)
380. Vgl. Lethen: Neue Sachlichkeit, bes. 143 und 151
381. GS II, 168 (Kap. 21)
382. GS II, 183 (Kap. 23)
383. GS II, 187 (Kap. 24)
384. GS II, 188 (Kap. 24)
385. GS II, 184 (Kap. 24)
386. Vgl. Lethen: Neue Sachlichkeit, 143
387. Vgl. ebd.
388. Vgl. Dahle: Hatte der Globus die Krätze, 145
389. Vgl. Lethen: Neue Sachlichkeit, 155; Lethen sieht seine Interpretation durch Zeitungsrezensionen bestätigt
390. Dahle: Hatte der Globus die Krätze, 153f.; vgl. auch Lethen: Neue Sachlichkeit, 151
391. Vgl. Wendler: Die Einschätzung der Gegenwart im deutschen Zeitroman, 175f.
392. S. o. Kap. 1 und vgl. bes. GS II, 9ff. und 191ff.

393. Vgl. GS II, 7 und Enderle: Erich Kästner, 58
394. Vgl. GS II, 28 und 31 (Kap. 3) und 10 (Vorwort 1950)
395. Vgl. Enderle: Erich Kästner, 51f.
396. Vgl. Beutler: Erich Kästner, 265
397. GS VII, 392
398. S. o. den Schluß des letzten Kapitels
399. Vgl. einige Beobachtungen dazu bei Beutler: Erich Kästner, 206f.
400. GS I, 284ff.
401. GS VII, 16
402. GS VII, 159
403. Vgl. kritisch dazu Grenz: Erich Kästners Kinderbücher, 165
404. GS VI, 460 und 475; GS VII, 15 und 159; modifizierter Standpunkt: GS VI, 10
405. GS VII, 13 und 15
406. GS VI, 508
407. Vgl. Grenz: Erich Kästners Kinderbücher, 167
408. Vgl. Scarbath: Zur Sozialisation des Kindes, bes. 55f. und Peukert: Zur Anthropologie des Kinderbuches, 78ff.
409. Zu der damit berührten, längst nicht ausdiskutierten Problematik vgl. Peukert: Zur Anthropologie des Kinderbuches, 88f. und 95 Anm. 11; vgl. auch Dahrendorf: Kinder- und Jugendliteratur, 179ff., bes. 184f., 197ff., 237, 240ff.
410. Vgl. Grenz: Erich Kästners Kinderbücher, 166f.; zur Kritik an einer solchen Konzeption vgl. Scarbath: Zur Sozialisation des Kindes, 67f.
411. GS V, 304 und s. o. Kap. 1; vgl. auch GS V, 512
412. Vgl. Benson: Erich Kästner, 9 und 31; Schwarz: Erich Kästner, 124f.; Walter: Zeitkritik, 257ff.; bes. Grenz: Erich Kästners Kinderbücher, bes. 165f.
413. Vgl. Beutler: Erich Kästner, 258f.; Text: Gullivers Reisen, nacherzählt von Erich Kästner. Ravensburg 1964; vgl. auch GS V, 508
414. GS V, 507 (‚Jugend, Literatur und Jugendliteratur') und 556f. (‚Wer schreibt eigentlich die Kinderbücher?'); Kastners Beobachtungen finden eine Bestätigung bei Dahrendorf: Jugendliteratur, 28ff.
415. GS V, 508
416. GS VII, 159

417. GS VII, 339
418. Vgl. Beutler: Erich Kästner, 169
419. Vgl. Schwarz: Erich Kästner, 125
420. Vgl. einen allgemeinen Kriterienkatalog bei Beutler: Erich Kästner, 153ff.; vgl. Dahrendorf: Kinder- und Jugendliteratur, 148ff.
421. Vgl. Doderer: Solidarität oder Untertanengeist; Grenz: Erich Kästners Kinderbücher; Rodrian: Notizen zu Erich Kästners Kinderbüchern
422. Vgl. Beutler: Erich Kästner, 192ff. und 199ff.
423. GS VIII, 13 und 16
424. GS VI, 431; vgl. Beutler: Erich Kästner, 200f.
425. Vgl. Grenz: Erich Kästners Kinderbücher, 165
426. Vgl. Beutler: Erich Kästner, 262ff.
427. Vgl. Fromm: Haben oder Sein, 129ff. (3. Teil, 7. Kap.)
428. Vgl. Walter: Zeitkritik, 260
429. GS VII, 84 (Kap. 9); vgl. Walter: Zeitkritik, 266
430. GS VII, 455 (Kap. 6)
431. GS VII, 105f. (Kap. 11)
432. GS VI, 507 (Kap. 16)
433. Vgl. entsprechende Rezeptionsbelege bei Richter: Das politische Kinderbuch, 266ff.
434. Vgl. Walter: Zeitkritik, 266
435. GS VI, 460
436. GS VII, 267
437. GS VII, 247ff.
438. GS VII, 256ff.
439. Vgl. Walter: Zeitkritik, 261f.; Beutler: Erich Kästner, 248ff.
440. Vgl. dazu GS V, 68ff. (‚Zur Entstehungsgeschichte des Lehrers‘)
441. GS VII, 166
442. GS VI, 484; vgl. Beutler: Erich Kästner, 224ff.
443. Vgl. Beutler: Erich Kästner, 228ff.
444. Beispielhaft Dr. Bökh im 10. Kapitel des ‚Fliegenden Klassenzimmers‘ (GS VII, 100); vgl. Beutler: Erich Kästner, 232ff.
445. GS V, 263 sowie GS VII, 13 und 100
446. GS IV, 487ff., hier 487 und 506f.; vgl. auch 559
447. GS VI, 509
448. Vgl. Beutler: Erich Kästner, 176ff.; allgemein zum Problem

der Sprache im Kinderbuch vgl. Dahrendorf: Kinder- und Jugendliteratur, 205ff.

449. Vgl. Beutler: Erich Kästner, 176
450. Vgl. ebd. 176 und 178
451. GS VI, 434ff.
452. GS V, 506
453. Vgl. Beutler: Erich Kästner, 271f.
454. Vgl. ebd. 272
455. Vgl. ebd. 278 und auch 301
456. GS V, 36ff. (‚Gedanken eines Kinderfreundes') und 65ff. (‚Der gordische Knoten')
457. Vgl. Kästners Beiträge zum ‚Pinguin' in GS V
458. GS V, 512
459. GS V, 512 (‚Jugend, Literatur und Jugendliteratur')
460. Vgl. Harich: Erich Kästner wird fünfzig, 234
461. S.o. Anm. 21
462. Beide Romanfragmente in GS II, 193ff.; ‚Der Zauberlehrling' in Gesammelte Schriften für Erwachsene II erweitert
463. S.o. Kap. 2
464. GS III, 333
465. Vgl. Bürger: Textanalyse als Ideologiekritik
466. Vgl. Fetzer/Schönert: Zur Trivialliteraturforschung 1964–1976; aus der inzwischen fast nicht mehr überschaubaren Literatur sei vorweg noch verwiesen auf Burger (Hrsg.): Studien zur Trivialliteratur; Schemme: Trivialliteratur und literarische Wertung; Hienger (Hrsg.): Unterhaltungsliteratur
467. Vgl. Kreuzer: Trivialliteratur als Forschungsproblem, 17
468. Vgl. Bausinger: Wege zur Erforschung der trivialen Literatur
469. Vgl. Foltin: Zur Erforschung der Unterhaltungs- und Trivialliteratur
470. Vgl. Zimmermann: Das Vorurteil über die Trivialliteratur; vgl. auch Bürger: Textanalyse und Ideologiekritik, 3ff.; Schemme: Trivialliteratur, 140ff.
471. Vgl. Schiffels: Zur Typologie der Kriminalgeschichte
472. Vgl. Benson: Erich Kästner, 85ff.
473. S.o. Kap. über Lyrik
474. GS III, 15
475. GS III, 17
476. GS III, 21, 33, 39

477. Vgl. bes. den Kontrast zwischen Kap. 2 und 3; Einzelheiten: GS III, 21, 30, bes. 31, 34, 41, 56, 102, 105, 113, bes. 145f., 161
478. GS III, 9 und 11 (Vorwort); vgl. auch GS V, 315 (‚Pfiffe im Kino')
479. Vgl. Bürger: Textanalyse als Ideologiekritik, 13ff.
480. Vgl. ebd. 17
481. GS III, 237 (Kap. 9)
482. GS III, 288 (Kap. 16)
483. Vgl. die Schilderung der reichen Leute im Grandhotel und die entsprechenden Gedichte
484. Vgl. Schemme: Trivialliteratur, 196; Foltin: Zur Erforschung der Unterhaltungs- und Trivialliteratur, 266f.; vgl. auch Spinner: Das vergällte Lesevergnügen
485. GS IV, 97ff.
486. GS IV, 109ff. und 141ff., bes. 143 (1. und 3. Akt)
487. GS IV, 97
488. GS IV, 112 (1. Akt); Auslassungen im Text
489. GS IV, 123 (2. Akt)
490. GS IV, 102 (1. Akt)
491. Ebd.
492. GS IV, 97
493. GS IV, 7ff.
494. GS IV, 9
495. Vgl. Beutler: Erich Kästner, 144
496. Vgl. Benson: Erich Kästner, 65
497. Vgl. Wagener: Erich Kästner, 81
498. Vgl. Kesten: Einleitung in GS I, 26
499. Vgl. Beutler: Erich Kästner, 146; Benson: Erich Kästner, 66
500. Vgl. ebd.
501. GS IV, 40 (4. Bild) und vgl. 63 (7. Bild)
502. GS IV, 82f. (9. Bild)
503. GS IV, 80f. (8. Bild) und die Rede des Präsidenten am Beginn des Stücks
504. GS IV, 83 (9. Bild)
505. GS V, 578
506. GS V, 575
507. GS IV, 57 (6. Bild)
508. Ebd.

509. Vgl. Enderle: Erich Kästner, 81 ff.
510. GS V, 99 ff.
511. GS V, 102
512. GS V, 104 f.
513. GS V, 124 ff.
514. GS V, 124
515. GS V, 125
516. GS V, 129
517. GS V, 133 f.
518. GS V, 213 ff.
519. GS V, 191 ff.
520. GS V, 195
521. GS V, 209
522. GS V, 213
523. GS V, 463 ff.
524. GS V, 464
525. GS V, 36 ff. (‚Gedanken eines Kinderfreundes'), bes. 39 f.; vgl. auch GS V, 65 ff. (‚Der gordische Knoten')
526. GS V, 68 ff. (‚Zur Entstehungsgeschichte des Lehrers')
527. GS V, 55 ff. (‚Der Mond auf der Schulbank'), bes. 58 ff.
528. GS V, 188 ff. (‚Stimmen von der Galerie'); auch GS V, 59
529. GS V, 148 ff. (‚Das Märchen von der Vernunft') und 153 ff. (‚Gespräch im Grünen')
530. GS V, 365 (‚Grenzpfähle und Grenzfälle')
531. GS V, 74 f. (‚Der tägliche Kram')
532. GS V, 336, 339 ff., 355, 376
533. GS V, 24, 61 ff.
534. GS V, 322 ff., 350 ff.
535. GS V, 164, 168, 208, 316
536. GS V, 346 ff.
537. GS V, 26
538. GS V, 346 ff.
539. GS V, 341 und vgl. 336
540. GS V, 23 und ‚Notabene 45', 230
541. GS V, 36 ff. und 65 ff.
542. GS V, 22 f., 68 ff., 261 ff.
543. GS V, 262
544. GS V, 121 ff.
545. GS V, 159 ff.

546. GS V, 90ff.
547. GS V, 366ff.
548. GS V, 386ff.
549. GS V, 389ff.
550. GS V, 391ff.
551. GS V, 117ff. und s. o. Kap. 1
552. GS V, 204ff., hier 207; vgl. auch 93ff.
553. GS V, 13
554. GS V, 393 und auch 233
555. GS V, 13
556. GS V, 31
557. GS V, 76ff.
558. GS V, 398
559. GS V, 399 und auch 342ff.
560. GS V, 231ff.
561. GS V, 232
562. GS V, 235

IX. Bibliographie

A. Zitierte Ausgaben von Kästners Werken

Erich Kästner: Gesammelte Schriften. 7 Bände. Atrium Verlag Zürich 1959.

Erich Kästner: Gesammelte Schriften für Erwachsene. 8 Bände. Droemer Verlag München 1969.

Erich Kästner: Notabene 45. Ein Tagebuch. Cecilie Dressler Verlag Berlin 1961.

Kästner, Erich: Friedrich der Große und die deutsche Literatur. Die Erwiderungen auf seine Schrift ‚De la littérature allemande'. Stuttgart 1972.

Ein vollständiges Verzeichnis der z. T. auch benutzten Einzelausgaben findet sich bei Enderle: Erich Kästner, 145ff. (s. u.); hingewiesen sei auf ‚Das große Erich Kästner Buch' (Herausgegeben von Sylvia List, mit einem Geleitwort von Hermann Kesten, Piper Verlag München und Zürich 1975), das eine umfangreiche Auswahl von Kästners Werken und von Rezensionen über Kästner enthält.

B. Zitierte Literatur

Andersch, Alfred: Das Alfred Andersch Lesebuch. Zürich 1979, darin S. 135ff.: Fabian wird positiv, und S. 83ff.: Der Seesack.

Baacke, Dieter: Spiele jenseits der Grenze. Zur Phänomenologie und Theorie des Nonsense. In: Deutsche Unsinnspoesie. Hrsg. von Klaus Peter Dencker. Stuttgart 1978, S. 355ff.

Bausinger, Hermann: Wege zur Erforschung der trivialen Literatur. In: Heinz Otto Burger (Hrsg.): Studien zur Trivialliteratur. Frankfurt am Main 1968, S. 1ff.

Benjamin, Walter: Gebrauchslyrik? Aber nicht so! (1929). In: W. B.: Gesammelte Schriften. Bd. 3. Frankfurt am Main 1972, S. 183f.

Benjamin, Walter: Linke Melancholie (1931). In: W. B.: Gesammelte Schriften. Bd. 3. Frankfurt am Main 1972, S. 279ff.
Benson, Renate: Erich Kästner. Studien zu seinem Werk. Bonn (2) 1976.
Berghahn, Volker R. (Hrsg.): Militarismus. Köln 1975.
Beutler, Kurt: Erich Kästner. Eine literaturpädagogische Untersuchung. Marburg/Lahn 1966.
Bormann, Alexander von: Der Kalte Krieg und seine literarischen Auswirkungen. In: Neues Handbuch der Literaturwissenschaft. Literatur nach 1945 I. Herausgegeben von Jost Hermand. Wiesbaden 1979, S. 61ff.
Bormann, Alexander von: Weimarer Republik. In: Geschichte der politischen Lyrik in Deutschland. Herausgegeben von Walter Hinderer. Stuttgart 1978, S. 261ff.
Bürger, Christa: Textanalyse als Ideologiekritik. Zur Rezeption zeitgenössischer Unterhaltungsliteratur. Frankfurt am Main 1973.
Burger, Heinz Otto (Hrsg.): Studien zur Trivialliteratur. Frankfurt am Main 1968.
Dahle, Wendula u. a.: Hatte der Globus die Krätze? Anregungen zur Behandlung des Romans ‚Fabian' von Erich Kästner im Deutschunterricht der oberen Gymnasialklassen. In: Projekt Deutschunterricht 6. Herausgegeben von Heinz Ide und Bodo Lecke in Verbindung mit dem Bremer Kollektiv. Stuttgart 1974, S. 142ff.
Dahrendorf, Malte: Jugendliteratur im gesellschaftlichen, literarischen und pädagogischen Bezugsfeld. In: Kinder- und Jugendliteratur. Zur Typologie und Funktion einer literarischen Gattung. Hrsg. von Gerhard Haas. Stuttgart 1974, S. 21ff.
Dahrendorf, Malte: Kinder- und Jugendliteratur im bürgerlichen Zeitalter. Beiträge zu ihrer Geschichte, Kritik und Didaktik. Königstein/Ts. 1980.
Denkler, Horst: Die Literaturtheorie der zwanziger Jahre: Zum Selbstverständnis des literarischen Nachexpressionismus in Deutschland. In: Monatshefte für deutschen Unterricht 59 (1967), S. 305ff.
Denkler, Horst: Sache und Stil. Die Theorie der ‚Neuen Sachlichkeit' und ihre Auswirkungen auf Kunst und Dichtung. In: Wirkendes Wort, Heft 3, Jahrgang 18, S. 167ff.

Doderer, Klaus: Solidarität oder Untertanengeist. Zu Erich Kästners ‚Emil und die Detektive' und Wilhelm Speyers ‚Der Kampf der Tertia'. In: K. D.: Klassische Kinder- und Jugendbücher. Kritische Betrachtungen. Weinheim usw. 1969, S. 34ff.

Emmerich, Wolfgang: Die Literatur des antifaschistischen Widerstandes in Deutschland. In: Die deutsche Literatur im Dritten Reich. Themen – Traditionen – Wirkungen. Hrsg. von Karl Prümm und Horst Denkler. Stuttgart 1976, S. 427ff.

Enderle, Luiselotte: Erich Kästner in Selbstzeugnissen und Bilddokumenten. München 1975.

Fetzer, Günther und Jörg Schönert: Zur Trivialliteraturforschung 1964–1976. In: Internationales Archiv für Sozialgeschichte der deutschen Literatur 2 (1977), S. 1ff.

Foltin, Hans Friedrich: Zur Erforschung der Unterhaltungs- und Trivialliteratur, insbesondere im Bereich des Romans. In: Heinz Otto Burger (Hrsg.): Studien zur Trivialliteratur. Frankfurt am Main 1968, S. 242ff.

Fromm, Erich: Haben oder Sein. Die seelischen Grundlagen einer neuen Gesellschaft. München 1979.

Gay, Peter: Die Republik der Außenseiter. Geist und Kultur in der Weimarer Zeit: 1918–1933. Frankfurt am Main 1970.

Grenz, Dagmar: Erich Kästners Kinderbücher in ihrem Verhältnis zu seiner Literatur für Erwachsene. In: Literatur für Kinder. Studien über ihr Verhältnis zur Gesamtliteratur. Herausgegeben von Maria Lypp. Göttingen 1977, S. 123ff.

Grimm, Reinhold: Im Dickicht der inneren Emigration. In: Die deutsche Literatur im Dritten Reich. Themen – Traditionen – Wirkungen. Herausgegeben von Karl Prümm und Horst Denkler. Stuttgart 1976, S. 406ff.

Hackert, Fritz und Gerd Hennig: Neo-obiettivismo (Neue Sachlichkeit). In: Sergio Lupi (Hrsg.): Dizionario Critico Della Letteratura Tedesca. Bd. 2. Torino 1976, S. 805ff.

Hermand, Jost: Einheit in der Vielheit? Zur Geschichte des Begriffs ‚Neue Sachlichkeit'. In: Keith Bullivant (Hrsg.): Das literarische Leben in der Weimarer Republik. Königstein/Ts. 1978, S. 71ff.

Harich, Wolfgang: Erich Kästner wird fünfzig. In: Die Weltbühne, Jahrgang 4 (1949), Nr. 8; hier zitiert nach: Das große Erich Kästner Buch (s. o.), S. 234.

Harrigan, Renny: Die emanzipierte Frau im deutschen Roman der Weimarer Republik. In: Stereotyp und Vorurteil in der Literatur. Untersuchungen zu Autoren des 20. Jahrhunderts. Hrsg. von James Elliot, Jürgen Pelzer und Carol Poore. Göttingen 1978, S. 65ff.

Hienger, Jörg (Hrsg.): Unterhaltungsliteratur. Zu ihrer Theorie und Verteidigung. Göttigen 1976.

Hippen, Reinhard: Kabarett zwischen den Kriegen. In: Keith Bullivant (Hrsg.): Das literarische Leben in der Weimarer Republik. Königstein/Ts. 1978, S. 89ff.

Hohorst, Gerd/Jürgen Kocka/Gerhard A. Ritter: Sozialgeschichtliches Arbeitsbuch. Materialien zur Statistik des Kaiserreiches 1870–1914. München 1975.

Horst, Karl August: Erich Kästner. Naivität und Vernunft. In: Merkur 13 (1959), S. 1175ff.

Jens, Inge: Dichter zwischen rechts und links. München 1979.

Kaes, Anton (Hrsg.): Kino-Debatte. Literatur und Film 1909–1929. Tübingen 1978.

Kayser, Wolfgang: Das sprachliche Kunstwerk. Bern und München 1968.

Köhn, Lothar: Überwindung des Historismus. Zu Problemen einer Geschichte der deutschen Literatur zwischen 1918 und 1933. In: Deutsche Vierteljahrsschrift für Literaturwissenschaft und Geistesgeschichte 48 (1974), S. 704ff. (A) und 49 (1975), S. 94ff. (B).

Klotz, Volker: Forcierte Prosa. Stilbeobachtungen an Bildern und Romanen der Neuen Sachlichkeit. In: Dialog. Festgabe für Josef Kunz. Hrsg. von Rainer Schönhaar. Berlin 1973, S. 244ff.

Klotz, Volker: Lyrische Anti-Genrebilder. Notizen zu neusachlichen Gedichten Erich Kästners. In: Historizität in Sprach- und Literaturwissenschaft. Hrsg. von Walter Müller-Seidel. München 1974, S. 479ff.

Kreuzer, Helmut: Trivialliteratur als Forschungsproblem. In: H. K.: Veränderungen des Literaturbegriffs. Göttingen 1975, S. 1ff. (erstmals 1967).

Lehner, Herbert: Geschichte der deutschen Literatur vom Jugendstil zum Expressionismus. Stuttgart 1978.

Lethen, Helmut: Neue Sachlichkeit 1924–1932. Studien zur Literatur des ‚Weißen Sozialismus'. Stuttgart 1970.

Mayer, Hans: Beim Wiederlesen des ‚Fabian' (1957). In: Das große Erich Kästner Buch (s. o.), S. 218ff.

Mayer, Hans: Zur deutschen Literatur der Zeit. Zusammenhänge, Schriftsteller, Bücher. Reinbek bei Hamburg 1967.

Michelsen, Peter: Die Trauer des Utopisten. Die Gebrauchslyrik Erich Kästners. In: P. M.: Zeit und Bindung. Studien zur deutschen Literatur der Moderne. Göttingen 1976, S. 162ff.

Peukert, Werner: Zur Anthropologie des Kinderbuches. In: Kinder- und Jugendliteratur. Zur Typologie und Funktion einer literarischen Gattung. Hrsg. von Gerhard Haas. Stuttgart 1974, S. 78ff.

Prümm, Karl: Neue Sachlichkeit. Anmerkungen zum Gebrauch des Begriffs in neueren literaturwissenschaftlichen Untersuchungen. In: Zeitschrift für deutsche Philologie 91 (1972), S. 606ff.

Raddatz, Fritz J.: Wir werden weiterschreiben, wenn alles in Scherben fällt ... Der Beginn der deutschen Nachkriegsliteratur. In: DIE ZEIT Nr. 42 vom 12. Oktober 1979, S. 33ff.

Raddatz, Fritz J.: Eine Replik ... In: DIE ZEIT Nr. 46 vom 9. November 1979, S. 57.

Richter, Dieter (Hrsg.): Das politische Kinderbuch. Darmstadt und Neuwied 1973, S. 266ff.

Riha, Karl: Literarisches Kabarett und Rollengedicht. Anmerkungen zu einem lyrischen Typus in der deutschen Literatur nach dem ersten Weltkrieg. In: Die deutsche Literatur in der Weimarer Republik. Herausgegeben von Wolfgang Rothe. Stuttgart 1974, S. 382ff.

Ritter, Gerhard A. und Jürgen Kocka: Deutsche Sozialgeschichte. Dokumente und Skizzen. Bd. 2: 1970–1914. München 1974.

Rodrian, Fred: Notizen zu Erich Kästners Kinderbüchern. In: Neue deutsche Literatur 9 (1960), S. 117ff.

Scarbath, Horst: Zur Sozialisation des Kindes in Familie und Gesellschaft im Kinder- und Jugendbuch. In: Kinder- und Jugendliteratur. Hrsg. von Margareta Gorschenek und Annamaria Rucktäschel. München 1979, S. 49ff.

Schäfer, Hans Dieter: Naturdichtung und Neue Sachlichkeit. In: Die deutsche Literatur in der Weimarer Republik. Hrsg. von Wolfgang Rothe. Stuttgart 1974, S. 359ff.

Schemme, Wolfgang: Trivialliteratur und literarische Wertung.

Einführung in Methoden und Ergebnisse der Forschung aus didaktischer Sicht. Stuttgart 1965.
Schieder, Wolfgang: Schriftsteller im Dritten Reich. In: Schriftsteller und Politik in Deutschland. Hrsg. von Werner Link. Düsseldorf 1979, S. 83ff.
Schiffels, Walter: Zur Typologie der Kriminalgeschichte. In: Literatur für viele 1. Hrsg. von Anton Kaes und Bernhard Zimmermann. Göttingen 1975, S. 133ff.
Schütz, Erhard und Jochen Vogt u. a.: Einführung in die deutsche Literatur des 20. Jahrhunderts. Bd. 2: Weimarer Republik, Faschismus und Exil. Opladen 1977.
Schwarz, Egon: Erich Kästner. Fabians Schneckengang im Kreise. In: Zeitkritische Romane des 20. Jahrhunderts. Hrsg. von Hans Wagener. Stuttgart 1975, S. 126ff.
Schwarz, Egon: Die strampelnde Seele. Erich Kästner in seiner Zeit. In: Die sogenannten Zwanziger Jahre. Hrsg. von Reinhold Grimm und Jost Hermand. Bad Homburg usw. 1970, S. 109ff.
Spiel, Hilde: Spiegelbild einer Generation. Hilde Spiel über Erich Kästners ‚Fabian'. In: Frankfurter Allgemeine Zeitung vom 24. Juni 1980, S. 23.
Spinner, Kaspar H.: Das vergällte Lesevergnügen. Zur Didaktik der Unterhaltungsliteratur. In: Unterhaltungsliteratur. Zu ihrer Theorie und Verteidigung. Hrsg. von Jörg Hienger. Göttingen 1976, S. 98ff.
Theweleit, Klaus: Männerphantasien. 2 Bde. Reinbek bei Hamburg 1980.
Voigt, Gerhard: Sachlichkeit und Industrie. Anmerkungen zu zwei Büchern über die Neue Sachlichkeit. In: Das Argument 14 (1972), S. 243ff.
Wagener, Hans: Erich Kästner. Berlin 1973.
Walter, Dirk: Zeitkritik und Idyllensehnsucht. Erich Kästners Frühwerk (1928–1933) als Beispiel linksbürgerlicher Literatur in der Weimarer Republik. Heidelberg 1977.
Walter, Hans-Albert: Deutsche Exilliteratur. Bd. 1: Bedrohung und Verfolgung bis 1933. Darmstadt und Neuwied 1972.
Wehler, Hans-Ulrich: Das Deutsche Kaiserreich 1871–1918. Göttingen (3) 1977.
Wendler, Wolfgang: Die Einschätzung der Gegenwart im deut-

schen Zeitroman. In: Die deutsche Literatur in der Weimarer Republik. Hrsg. von Wolfgang Rothe. Stuttgart 1974, S. 169ff.

Winkelmann, John: Erich Kästner and Social Criticism. In: Monatshefte für den deutschen Unterricht 44 (1952), S. 366ff.

Winkelmann, John: Social Criticism in The Early Works of Erich Kästner. Columbia/Missouri 1953 (= The University of Missouri Studies No. 4).

Winkelmann, John: Existentialist Elements in the Early Works of Erich Kästner. In: The German Quarterly 27 (Jan. 1954), Nr. 1, S. 41ff.

Zimmermann, Hans-Dieter: Das Vorurteil über die Trivialliteratur, das ein Vorurteil über die Literatur ist. In: Akzente 19 (1972), S. 386ff.; auch in: H.-D. Z.: Schema-Literatur, ästhetische Norm und literarisches System. Stuttgart usw. 1979, S. 9ff.

X. Zeittafel

1899 23. Februar: Erich Kästner in Dresden geboren
1906 Besuch der Volksschule in Dresden
1913 Eintritt in das Freiherrlich von Fletscher'sche Lehrerseminar in Dresden
1917 Einberufung zum Militär
1918 Entlassung vom Militär; Abschlußkurs im Strehlener Lehrerseminar
1919 Hospitant im König-Georg-Gymnasium; Kriegsabitur; erste Gedichtveröffentlichung; Beginn des Studiums in Leipzig (Germanistik, Geschichte, Philosophie, Theatergeschichte); 1921 Auswärtssemester in Rostock und Berlin; verschiedene Nebentätigkeiten
1922 Anstellung an der ‚Neuen Leipziger Zeitung'
1925 Promotion zum Dr. phil.; Dissertationsthema: ‚Die Erwiderungen auf Friedrichs des Großen Schrift ›De la littérature allemande‹'
1927 Übersiedlung nach Berlin als Theaterkritiker und freier Mitarbeiter verschiedener Zeitungen
1928 Parisreise; Gedichtband ‚Herz auf Taille'; Kinderroman ‚Emil und die Detektive'
1929 Gedichtband ‚Lärm im Spiegel'; Hörspiel ‚Leben in dieser Zeit'
1930 Gedichtband ‚Ein Mann gibt Auskunft'; Bühnenfassung und Drehbuch für ‚Emil und die Detektive'
1931 Roman ‚Fabian'; Kinderromane ‚Pünktchen und Anton' und ‚Der 35. Mai'; Wahl in den PEN-Club
1932 Bühnenfassung für ‚Pünktchen und Anton'; Gedichtband ‚Gesang zwischen den Stühlen'
1933 Kinderroman ‚Das fliegende Klassenzimmer'; öffentliche Verbrennung von Kästners Büchern durch die Nationalsozialisten (10. Mai); Verbot, in Deutschland zu publizieren
1934 Roman ‚Drei Männer im Schnee'; Kinderroman ‚Emil und die drei Zwillinge' (beide in Zürich erschienen); kurzfristige Verhaftung durch die Gestapo

1935 Roman ‚Die verschwundene Miniatur'
1936 Gedichtband ‚Doktor Erich Kästners lyrische Hausapotheke'; Reise nach Davos; Romanfragment ‚Der Zauberlehrling'
1937 Kurzfristige Verhaftung; Reise nach Reichenhall
1938 Roman ‚Georg und die Zwischenfälle' = ‚Der kleine Grenzverkehr'; Reise nach London
1939 Romanfragment ‚Der Doppelgänger'
1942 Drehbuch für den UFA-Jubiläumsfilm ‚Münchhausen'; Schreibverbot für Deutschland und das Ausland
1943 Komödie ‚Zu treuen Händen' (Uraufführung 1948)
1945 ‚Flucht' aus Berlin ins Zillertal; nach dem Ende des Kriegs Niederlassung in München; Gründung des Kabaretts ‚Die Schaubude'; Feuilletonredakteur der ‚Neuen Zeitung' (bis 1947)
1946 Gedichtauswahl ‚Bei Durchsicht meiner Bücher'
1947 Reise zum internationalen PEN-Kongreß in Zürich
1948 ‚Der tägliche Kram' (Chansons und Prosa 1945–48); Epigramme ‚Kurz und bündig'
1949 Bilderbuch ‚Die Konferenz der Tiere'; Kinderroman ‚Das doppelte Lottchen'
1950 Drehbuch für ‚Das doppelte Lottchen' (ausgezeichnet mit dem Bundesfilmpreis)
1951 Präsident des westdeutschen PEN-Zentrums; Gründung des Kabaretts ‚Die kleine Freiheit' in München
1952 ‚Die kleine Freiheit' (Chansons und Prosa 1949–52)
1954 Drehbuch für ‚Das fliegende Klassenzimmer'
1955 Gedichtband ‚Die dreizehn Monate'
1956 Literaturpreis der Stadt München; Komödie ‚Die Schule der Diktatoren'
1957 Verleihung des Büchner-Preises in Darmstadt; Kindheitserinnerungen ‚Als ich ein kleiner Junge war'
1960 Verleihung der Hans Christian Andersen-Medaille durch das internationale Kuratorium für das Jugendbuch
1961 Tagebuchaufzeichnungen über das Kriegsende ‚Notabene 45'; vier Vorlesungen in der Wiener Stadthalle
1963 Kinderroman ‚Der kleine Mann'
1964 Kästner-Ausstellung des Goethe-Instituts
1966 Reise nach Dänemark
1974 29. Juli: Erich Kästner gestorben

Buchanzeigen

Positionen des Erzählens

Analysen und Theorien zur Literatur der Bundesrepublik. Herausgegeben von Heinz Ludwig Arnold und Theo Buck. 1976. 218 Seiten. (Beck'sche Schwarze Reihe, Band 140)

Positionen des Dramas

Analysen und Theorien zur deutschen Gegenwartsliteratur. Herausgegeben von Heinz Ludwig Arnold und Theo Buck. 1977. 287 Seiten. (Beck'sche Schwarze Reihe, Band 163)

Neue Literatur der Frauen

Deutschsprachige Autorinnen der Gegenwart. Herausgegeben von Heinz Puknus. Mit einem einleitenden Essay von Elisabeth Endres. 1980. 346 Seiten. (Beck'sche Schwarze Reihe, Band 227)

Jürgen von Stackelberg

Klassische Autoren des schwarzen Erdteils

Die französischsprachige Literatur Schwarzafrikas und der Antillen. 1981. 208 Seiten mit 1 Karte. (Beck'sche Schwarze Reihe, Band 229)

Deutsche Lyrik vom Barock bis zur Gegenwart

Herausgegeben von Gerhard Hay und Sibylle von Steinsdorff. 1980. 341 Seiten. Leinen

Und ich bewege mich doch

Gedichte vor und nach 1968. Herausgegeben von Jürgen Theobaldy. 2., durchgesehene Auflage 1978. 231 Seiten. (Beck'sche Schwarze Reihe, Band 157)

Im Gewitter der Geraden

Deutsche Ökolyrik 1950–1980. Herausgegeben von P. C. Mayer-Tasch. 1981. Etwa 200 Seiten. (Beck'sche Schwarze Reihe, Band 240)

Englische Lyrik der Gegenwart

Gedichte ab 1945. Originaltexte und deutsche Prosaübertragung. Herausgegeben und übersetzt von Michael Butler und Ilsabe Arnold-Dielewicz. 1981. 256 Seiten. (Beck'sche Schwarze Reihe, Band 232)

Italienische Lyrik der Gegenwart

Originaltexte und deutsche Prosaübertragung. Herausgegeben und übersetzt von Franco de Faveri und Regine Wagenknecht. 1980. 235 Seiten. (Beck'sche Schwarze Reihe, Band 215)